仲　俊二郎

我れ百倍働けど悔いなし

昭和を駆け抜けた伝説の商社マン海部八郎

栄光出版社

我れ百倍働けど悔いなし

目次

我れ百倍働けど悔いなし

――昭和を駆け抜けた伝説の商社マン海部八郎――

プロローグ

昭和五十四年二月一日。

その日の東京は朝から晴れて、未明には淡くかかっていたスモッグの帯もいつのまにか消え去り、刺すような寒の冷たさが重く街全体に垂れ込めていた。

数羽のカラスが高い空から勢いよく地上に飛び降りた。飲食店の前に散らかっているゴミの袋を、鋭いくちばしで突きはじめた。いつもと変わらないビジネス街の朝が始まろうとしている。

そんな日の午前七時四十分過ぎ、日商岩井（現双日）常務取締役の島田三敬が、赤坂の日交山王ビル七階から飛び降り自殺した。数分後に一階の証券会社へ出社してきた支店長が発見したのだが、死体は左側面を下にして歩道に横たわり、ビルの方に足、車道の方に頭を向けている。あたり一面血の海で、頭と腕、膝、肋骨が砕けていた。

その二日前の一月三十日の夜、島田は上司の副社長海部《かいふ》八郎《はちろう》や政治評論家戸川猪佐武らと新橋の日本料理屋「京味」で会食をしている。海部と島田は早期警戒機E２C導入に絡むグラマン事件で、政治家へ裏金を渡したのではないかという疑惑の渦中にあった。

会食中、島田は自殺の素振りなど、みじんも見せなかったという。仲居が持っている徳利を手に取り、由来の解説をするくらいの余裕を見せていたほどだ。

話題が疑惑の報道にうつったときも、普段と変わりはない。新聞記者にぎっしり取り囲まれていますからね。時々、裏庭から垣根を飛び越えるんですよ」

「自宅を出るのがこれが又、一苦労なんですな。

そう言って、座ったまま両腕を振って飛び越える真似をし愉快そうに笑った。黄色みを帯びた歯が蛍光灯の光をはじき、酒の匂いがこぼれ出た。その島田が二日後に自ら命を断った。

日交山王ビルの七階には島田が社長をつとめる日商岩井の子会社「日商岩井エアロスペース」が入っている。その社長室に遺書が九通残されていた。その内の一通は日商岩井社員に宛てたボールペン書きのものであった。そこには島田の心情のすべてが語られている。

日商岩井の皆さん
男は堂々とあるべき。
会社の生命は永遠です。その永遠のために私達は奉仕すべきです。
私達の勤務はわずか二十年か三十年でも会社の生命は永遠です。
それを守るために男として堂々とあるべきです。
今回の疑惑、会社イメージダウン、本当に申し訳なく思います。責任とります。
一月三十一日夜　島田三敬

「会社の生命は永遠です。その永遠のために私達は奉仕すべきです……」

そう言い残した島田三敬の死から、もう三十余年の歳月が流れた。

島田は命を断ってまで会社の将来を守ろうとした。疑惑のカギを握る自分が消えることで、これまで仕え、愛してきた日商岩井を守ろうとしたのだった。

自殺前日の三十一日午後八時半ころ、島田は日交山王ビルから二百メートルほど離れた日商岩井本社に戻った。心身は疲労の極にあった。その日、午後三時から東京地検赤羽分室で六回目の事情聴取を受けていた。

海千山千の宗像紀夫検事の前では技術屋気質で実直な島田が陥落《かんらく》するのは困難なことではない。島田は良心の呵責と会社を守ることの狭間で揺れながら、核心に触れる最後のところは巧みに避けながらも、あらかた事実を吐露《とろ》させられた。だがそれらはまだ調書として記録をされておらず、証拠とはならない。一言一句が記録されるのは明朝十時半からの聴取であることを知っていた。

地検から戻った島田はまだこのときは自殺のことなどみじんも頭にはなかったはずだ。その日、午後三時に出頭するまでの態度も普段と変わっていない。午前中は会社で仕事をこなし、午後は二時まで新聞記者たちを相手に明るい表情で応じ、時には持ち前の大きな声で疑惑を否定していた。

いや、自殺のことが頭になかったというのは正確ではない。一月五日の疑惑発覚以来、連日の事情聴取や社内での真相究明の追求、報道陣の執拗な追っかけなどで、ほとんど寝ていない。一瞬たりとも心身の休まる時はなかった。

会社にも、そして家族にも迷惑をかけた。計り知れないほどの迷惑だ。もはや取り返しがつかない。果たして解決の糸口はあるのか。先の明かりがどんどん細り、暗くなる。島田は苦悶した。

この重圧から逃れたい。楽になりたいと思った。自己の損得からではない。会社を思う気持ちが自分をどんどん追いつめる。このまま自分が消え去ることで、ひょっとして日商岩井の将来を守れるかもしれない。一つの命で会社を守れるのだ。たった一つの命で、守れる……。ふっとそんな死の影が頭をよぎったのは二度や三度ではない。

がすぐに一笑に付し、はねのけた。そして今朝も数日前に海部副社長とすりあわせた内容を思い出し、自信と勇気を取り戻した。海部さえいれば乗り切れる。頼りになる男だ。その思いに後押しされて、今日も六時間におよぶ聴取を乗り切ったのだった。

だが時間がたつにつれ、不安が再び頭をもたげてきた。数日前までの弱気が急速に胸のなかに広がっていく。役員室の白い壁をぼんやりと眺めながら、島田は椅子に沈めた背を動かそうともしなかった。

夕食はすでに地検でとっている。しきりに喉が渇くが、それがまるで自分の体とは無関係なところでの現象のように思えた。大きなため息をつくたび、机上に置かれた紙片がかすかに揺れた。深い疲れが両肩におぶさってきた。検事との一問一答がフラッシュバックのように頭に浮かぶ。

危ないところだった。もう一歩で政治家の名前が口に出そうになった。検事の脅しに屈したわけではない。自分の良心に負けそうになったのだ。といっても、悔いとか罪の意識という類のものとは違う。むしろ自分はこれまで打ち込んできた航空機ビジネスには誇りを持っている。

ともかく航空機が好きなのだ。飛行機屋こそが自分の生きる証であり、しかしそれは同時に日本国のためでもあったと信じている。なぜならE2Cこそが我が国にとってベストな選択だったからだ。これ以外にどんな飛行機が優れていると責任持っていえるのか。心底からそう信じ、行動してきたつもりである。恥じるところはない。

だが苛烈な売り込み競争の過程で疑惑を招いたのも事実である。会社のイメージダウンをもたらし、苦境に陥《おとしい》れたのは否定できない。他社もやっているから自分たちもやった、というのは決して弁解にならないが、この時代、どの商社もメーカーもそして政治家や官僚も、純白の絹のようなきれい事でビジネスをやってきたと誰が言えようか。

明日、一日からいよいよ正式な検察聴取が始まる。質疑は十分に予想がつく。そしてすべてを語ってしまうかもしれない自分の弱さが心の奥にあるのも島田は知っていた。

島田は揺れた。会社の苦境を救おうとすればするほど死への誘惑に駆られ、そんな自分を持てあました。自分という証拠を消しさえすれば、会社を永遠に救うことができる。今がチャンスだ。あとは上司の海部八郎にまかそう。彼ならきっと日商岩井を守ってくれるに違いない。

彼とは一心同体でここまでこの航空機部門を育ててきた。日商岩井の大きな柱に育て上げてきた。それは決して自己の栄達のためではない。信念を貫くため、会社の発展のため、そしてひいては国のために頑張ってきたという自負がある。

不意に忠臣蔵の一シーンが脳裏に浮かんだ。

「天野屋利兵衛は男でござる」

一回、そしてもう一回、口の中でつぶやいた。酒を飲んだ時の口癖になっている言葉だが、今、自分が天野屋利兵衛と一体になっているような錯覚に浸った。赤穂浪士の討ち入りに際し、密《ひそ》かに武具の調達で協力し、大阪奉行所に捕らえられて拷問《ごうもん》を受けたが、ついに口を割らなかったとされる伝説の人物である。島田はこの台詞《せりふ》が好きだった。

二回目のつぶやきのとき、強い衝撃が島田の胸を貫いた。動悸が激しく音をたて、息が乱れた。恐くもあるが、甘美な快い衝撃でもあった。もはや迷いと誘惑の域を脱し、死こそが今、選ぶべき道なのだと、一気に感情が高まった。男としてそう決断することに喜びさえ感じながら、もう逡巡《しゅんじゅん》することはないと確信した。

責任をとろう。日商岩井の永遠の生命のために……。

島田は黙想した。様々な思いが脳裏をかすめた。永年、世話になった海部副社長に心のなかで別れを告げた。動悸はしだいに落ち着き、死の決意だけが胸の奥に深く固く凍り付いた。不思議なほど落ち着いて、冷静である。

午後九時半。小雨のなかコートも着ずに背広のまま会社を出て、港区に住む友人宅を訪ねた。三十分ほどたわいのない世間話をした。

「しばらく会えないけど、体には注意したほうがいいよ」

と、気遣いの言葉を残し、会社に戻った。それからすぐにエアロスペースに電話を入れた。カギは持っているが、誰かいるのか確かめておく必要がある。ちょうど社員が出た。ちょっとギクッとしたが、決心は翻《ひるがえ》らない。

「島田です。今から行くので、ドアを開けてくれませんか」

一応、そう言った。一階の夜間通用門はロックされていて、内側からしか開かない仕組みになっている。

五分後には着いた。社員が二人残っていた。社長室に入る。コーヒーとウイスキーを用意してもらった。これが最後の飲み物かと思うと、ちょっと感傷的になった。

部下に悟られまいと、会話を避けた。引き出しから便箋を取り出し、遺書を書き始めた。いや、正確には下書きにとりかかっている。

「ご苦労さん。もう遅いから帰っていいですよ」

部下に婉曲《えんきょく》的に催促した。それでもまだ二十分ほど仕事を続けていたので、今度は強めの語調で促した。

十一時十五分、ようやく部下が帰った。それから少し考え込んだあと、電話を引き寄せた。懇意にしている雑誌「財界」の編集者白尾芳輝の自宅だ。海部副社長のことを念押ししておきたいと思ったのだ。しばしの雑談のあと、本題を匂わした。

「まあ、こんな状況だからこそ海部副社長には社長になってもらわないとね。私も頑張りますよ……」

そう言って、近いうちのインタビューを約束して電話を置いた。そして再び遺書の続きにとりかかった。

しかし、当の海部には遺書は残さないつもりでいる。渦中の人物がこれまた渦中の人物に言葉を残せば、あらぬ憶測をよび、かえって意図を壊されてしまう。あえて語らなくても、海部副社長はわかってくれるだろう。島田にはその自信があった。二十三年間の航空機ビジネスで培った信頼関係の深さは当事者同士には互いにわかる。以心伝心というやつだ。

ウイスキーの最後の残りを飲み干した。一字書くたび、手が休む。思いが幾重にも重なって、胸が揺れた。だがそれは迷いや未練の揺れではない。家族も含め、いろんな人たちとの別れへの静かな感傷なのだった。死への決意は心の奥にいっそう深く沈着し、しかし揺るぎのない確固たる激しさで燃えていた。

いつの間にか日付が変わり、東の空がほんのりと白みがかっている。遺書は九通したためた。一通ずつ封筒に入れ、宛名を書いた。「日商岩井の皆様へ」と「植田社長様へ」、二通の「弁護士様へ」、女性秘書の「筒井様へ」、「妻へ」、そして長男「幸典様へ」である。密封し終わると、大きな茶封筒にひとまとめに入れて机の上に置いた。

それから背広とワイシャツ、靴下を脱いで、ステテコ姿になった。応接セットのところへ行き、絨毯《じゅうたん》の上に正座した。持っていた小型ナイフで手首を切り、千枚通しで体を傷つける。

何度それを繰り返しただろう。だがどうしても死までは至らない。痛みはないのだが、あるところで手がとまる。そして再び傷をつける。逡巡が続く。

絨毯は血で染まり、貧血が目の奥を暗くした。赤い血の色がぼんやりしたかと思うと、急に鮮やかな色をはじき、島田の心は揺れた。焦りが早く早くと追い立てる。これだけもの血が出ているのに、まだ死なない。

生への未練が残っているのか。それとはきっぱりと決別したはずだ。遺書も書き上げてある。それなのに何故なのだ。

（そうだ……）

つぶやきが喉の奥でかすれた。ゆっくりと体を起こし、洗面所へ向かった。手に付いた血をていねいに洗ってぬぐう。それから机のところへ戻って、震える手で便箋を手元に引き寄せた。めまいがまた襲ってくる。首を小刻みに左右に振って、ペンを持つ手に力を込めた。最後の言葉を書いておきたいと思った。

「今日まで気の張りつめでした。頑張る、頑張る、でやってきました。家族をギセイにし、家をギセイにして、そして、でも、日本一の航空機部を作りました。誰が追随できるでせうか。

決して、決して、政治家の力を借りた訳ではないのです。つきあいはありました。でも、その力を借りると言ふ事は、期待できますでせうか。それはない。自分の力、それ以外に何がありますか。政治家は便乗、役に立たない。本当の力は私達でした。誰もが納得できるものを押す事が、私達の戦術です。

Ｅ２Ｃ然り、他に何がありますか。対抗機は？

Ｆ４ＥＪ、他に何がありますか？

Ｆ15、他に何がありますか？

良いものは、良い。必要なものは必要なんです。政治家は便乗、でも良いものは良いのです。それを筋つけて、インネンつけるのは、おかしいです。私は飛行機に生命かけてきました。生命かけてきたものが、採用されて何が悪いんでせうか。

他に何があるんですか。私は確信しているのです。国防を考えない人は、何にか言います。チョコレート兵隊でも良いと、……それが本当に防衛庁の声でせうか。防衛庁は国を守るのが目的です。おかしい。国を守る事が本当に考えられているでせうか。淋しい事です。

何にが何だか解りますか。唯金《ただ》だ、政治家だと言ふ事で、国会は大さわぎ、本当に日本を考えている人は誰でせうか。こんなんでは日本は保てないと思います」（以上、原文のまま）

先の遺書とは違い、メモの筆致は乱れ、文脈も合っていない。

島田は肩で息を吸った。胸が苦しい。ふと右手の窓の方を見上げると、空が明るくなっている。

もう言い残すことはない。弾《はじ》かれたように頭を後ろにそらせ、勢いよく立ち上がった。めまいでよろめいたが、足の裏に力を込める。どうにか踏ん張った。夢中で背広を拾い上げて手を通した。

引き寄せられるように窓に近づく。勢いよくあけた。外が広がっている。渾身の力で窓枠の上に立ち、一気に身を躍らせた。

1　商人《あきんど》への道

どうせ自分は負け犬だ。同じ負け犬なら、とことんエリートとは違う道を歩んでみよう。神戸経済大学（元神戸商業大学、現神戸大学）学生の海部八郎は就職先を決めるとき、そう決心した。

自信がないわけではない。むしろその気持ちは過剰なほど内部でたぎっている。いわゆる知能などはどうでもいい。海部にとっては貪欲《どんよく》な飽くなき頑張りこそが自分の才能であり、ひそかな自慢であった。それに向かって走り続ける闘志と意思の強さという点で、並々ならぬ自信に満ちていた。それは少年の頃から大人になって以後も変わっていない。

海部八郎は東京府立第七中学（現墨田川高校）を昭和十六年に卒業している。当時、東京府には府立一中から九中まであった。そのなかでも七中は最低のランクに数えられ、主に向島の下町の生徒たちが通っていた。

一方海部の家は文京区小石川にある。向島から見ればいわば山の手だ。事実、上流とまではいかなくても、そこそこに裕福な家庭のぼんぼん育ちで人がいい。その影響もあるのか勉学に対する意欲はすこぶる弱かった。数学や理科が苦手だった彼がわざわざ遠い七中まで通わねばならなかった理由も想像がつく。小学校の同級生のうち成績優秀者は近くにある高等師範の付属中学へ進学する。海部もそれを望んだが、とても無理で、教師は「七中へ行け」と勧めたのだった。

当時、父親は浅野物産（浅野コンツェルンの商事部門会社）の課長を務めていて、海外出張の土産に万年筆や腕時計などを買い与えたという。兄弟には姉が一人いた。父親は淡路島出身だが、代々、八郎という名前が引き継がれていて、一人息子ではあるが、いや、それがゆえに八郎の名をつけた。

第七中学ではクラスは成績に応じて優等組、中等組、そして劣等組の三つに分けられた。勉強も運動もほとんどしなかった彼は一年から三年まで劣等組に属し、それでも級長をつとめている。運動神経はどちらかといえば鈍い方である。体操や軍事教練では、いくら頑張っても最低の点しかとれない。同じように勉強もせず、それでいて優秀組に入っている生徒を見ると、羨ましさとは別の、なにか違う人種を眺めるような冷《さ》めた諦めの気持ちを抱いた。

クラスではいつも人気者で、八郎からとった「ハチ」とあだ名で呼ばれた。腕力があるわけではないが、ガキ大将だった。仲間を引き連れて、よく浅草のあんみつ屋へ行き、葛餅《くずもち》や汁粉《しるこ》をおごった。あるとき級友が言った。

「ハチ。一度、玉の井探検に行かないか。様子を探りに行こうよ」

玉の井というのは近くにある遊郭《ゆうかく》である。かの大作家、永井荷風も通ったというではないか。日頃から気にかかっていた場所だ。異存はない。さっそく出かけることになった。仲間たちはまず近所の文房具店にカバンを預け、勇躍、玉の井の入口までやって来た。

ふと脇の看板を見ると、

「この道、抜けられます」

と、書かれている。

「こりゃあ都合がいいや」

なんの疑いもなく踏み込んだはいいが、途中、運悪く店前にいた遊女たちに海部がつかまってしまった。多勢に無勢。腕を振りほどこうと右往左往するのだが、遊女たちは面白がって学生帽を取り上げ、それを次々に投げ合った。まるでボール遊びである。仲間たちは皆、散り散りに逃げてしまっている。純真な海部は懸命になって取り戻そうとするが、その必死さがいっそう遊女たちを面白がらせる。

（もし学校に知れたら大変だ）

海部は必死だった。泣きそうになっている自分が不甲斐ない。最後は拝み倒すようにして帽子を返してもらったのだった。

やがて三年に進級すると、俄然、海部は猛勉強を始めた。年甲斐もなくいつまでもガキ大将を演じ続けている自分が急にばかばかしくなり、その自覚が本来の若者の気持ちに前向きの火をつけた。はじめて勉学への意欲に駆り立てられたのだった。その甲斐あってみるみるうちに成績は上がり、翌年、四年になるとき一気に劣等組から優等組に編入された。

自分とは無縁のエリートだと、遠くから眺めていた連中が、大学進学が近づいた今、横で目の色を変えて猛勉強をしている。海部も負けてたまるかとばかりに闘志を燃やし頑張った。

いよいよ入試の時期が近づいた。一高（現東大）には学力的な問題があって難しいけれど、正直いって興味がない。決して負け惜しみではない。官僚や学者を目指すのなら別だが、自分はかねてから商売の世界に身を置きたいと思っていた。父親の影響もあった。幼稚園時代に父親の転勤で、一時、ホンコンに住んだこともある。

（狭い日本なんかに閉じこもっていられるか）

まだ漠然とながらも、世界を舞台に駆け回る自分の姿を想像し、海部は日毎に夢をふくらませた。そしてその夢を実現するためには商科大学の雄、東京商大予科（現一橋大学）へ進みたいと考えた。何度か校舎がある国立《くにたち》へも足を運んでいる。じかに建物を眺め、校庭を歩き、木々の空気を吸って自分を鼓舞した。

しかし現実は甘くはなかった。最初の夢が崩れる。実力は思うように伸びず、願書提出を前に、はるか西方の地、神戸への都落ちを余儀なくされたのだった。

（東京商大が駄目なら、同じ商大系の神戸商業大学があるではないか）

海部は一高や東京商大の願書を手にしたエリートたちの背を見ながら、そう心のなかでつぶやいた。湧き上がる悔しさを胸のなかに閉じ込めた。

負け犬ではあっても、それは学力の差だけのことである。自分には今や頑張りと努力という根性が植え付けられている。この一、二年で獲得した能力だけれど、この一点では誰にも負けない自信があった。父親はむしろ家から通える高等師範を望んだのだが、息子の強い決意を知って、神戸行きを応援する気持ちに傾いた。

昭和十七年四月、海部は神戸商大予科に入学した。学校は全寮制になっていて、全員がどれかの運動部に所属しなければならない。運動が不得意な海部は仕方なく機甲部（自動車部）を選んだ。学寮では一部屋に二十人以上がベッドで起居し、朝は太鼓の音で起床。朝食のあと、二〇〇メートルほど離れた教室まで下駄ばきで通う。弊衣破帽《へいいはぼう》の旧制高校の伝統が守られている。

クラスは、同級生一六〇人が、選択した第二外国語によって四組に分けられた。海部はフランス語を選び、三組である。そのフランス語教授に生島遼一がいた。碩学《せきがく》なだけでなく、体が弱かった海部のことをいつも心配して、優しい声をかけてくれる。海部は心底から彼を慕い、尊敬した。後に海部は昭和五十二年に神戸大学が出版した「我等が青春の記録」のなかでこう述べている。

「生島遼一先生は私の一生の恩人といっても憚《はばか》らない先生である……生島先生の御蔵書は、どのくらいあるか知らないが、大へんなものと思う。先生の御蔵書は格調高く昨今の大学生には読めぬと思う。夏目漱石にも劣らぬ文学者であろう。その先生に勉強させていただいたことは、未だに誇りに思っている。とまれ、商大予科は良い学校であった。楽しかった学生生活、立派な先生のことは忘れまい」

さて神戸商大では最初から海部の目標は明確だった。来る日も来る日も猛勉強に明け暮れた。ぼんぼん育ちからくる人のよさは相変わらずだが、こと勉強に関しては違う。授業を受けるときの目は真剣そのもので、人相が変わった。商いの世界を支配する経済というもののメカニズムに興味が尽きない。とことん知りたいと思ったのだった。マクロ経済にミクロ経済。まさに生き物だ。片っ端から英語の原書を読み込んだ。おまけに本を読むのが人一倍早い。結果として、海部は首席で卒業している。

数学が苦手だということは前にも触れた。ところが理論経済学を学ぶのに数学の知識が必要なことを知ると、迷わずに突進する。古本屋で買った解説書の助けを借りながら、三田博雄教授による「解析概論」（高木貞治著）の授業を受けたのだが、やってみるとこれが面白い。思ったより理解でき、食わず嫌いだった自分に苦笑いしたものだ。そして或るとき、自分なりにそのレベルはマスターした気分になり、数学を駆使したＨＩＣＫＳの原書にとりかかった。ところが皆目分からない。それでも頑張ってみたが、とうとう途中で投げ出した。さすがに秀才の海部も及ばなかったらしい。ただいつかは読破したいと考えていたのか、後年、役員になってからもずっと部屋の本箱の一隅に立てかけてあった。

さて、そろそろ就職の時期が迫ってきた。クラスの者たちは皆、気もそぞろで落ち着かない。海部も就職先を決めるにあたり、ゼミの坂本弥三郎教授から大学に助手として残ってみる気はないかと打診を受けた。海部は照れくさそうに手で頭をかきながら、

「有り難いお言葉ですけど、とても新学説を唱えられるような人間じゃありませんから」

と丁重に断っている。

このときすでに意中では会社を絞り込んでいた。同級生たちが次々と住友を始めとする財閥系や他の大会社に内定を取りつけるなか、海部は違った道を考えていた。

首席だからといって、エリートという意識はみじんもない。むしろ自分のなかでは子供の頃から負け犬だと勝手に決めこんでいるところがある。七中から一高や東京商大へ行った連中の多くは、当然のごとく三井、三菱、住友などへ就職した。そんな知らせを聞くにつけ、そうだろうなという納得感とともに、ある意味では安堵《あんど》もした。

大組織に入ってどうするというのだ。彼らは歯車のチリとなって埋もれるのが関の山だろう。たとえ帝大出であっても、大多数はチリになる。自分は安泰よりも波乱を選ぼう。組織の力よりも、個人の力が最大限に発揮できる職場を選ぶのだ。王道とは異なる道を歩んでみるのも悪くない。一度の人生ではないか。賭けは賭けでも、納得のできる賭けだ。

緑一色に包まれた六甲の雄大な山並みを見ながら、海部はそうつぶやいた。そしてそれらを満たす会社として、従業員がたった三百人にしかすぎない地元、阪神の中小商社、日商に的を絞った。

無謀な冒険かもしれない。しかしそこには将来の夢がある。その大きな夢の実現に向かって、自分が参画できるのは無上の喜びだ。この思いは若い海部の胸を熱くたぎらせ、もはや日商以外に行くべき会社はないと確信した。あとは体でぶつかるだけだ。数度、訪れた日商の人事課だが、いい感触は得ている。早速、明日にでも訪ねてみようと思った。

この会社選びで見せた常識破りともいえる海部の大胆な物の考え方は、以後の商売のやり方にも一貫してみられるのである。後に海部が商人《あきんど》として成長していくうえで、その常識にとらわれない発想が縦糸とすれば、それをがむしゃらに実行に移す意思の強さは横糸の役割を果たしたといえよう。

昭和二十二年、海部八郎は念願の日商に入社した。

敗戦から二年弱。大阪駅界隈から会社のある中之島辺りにかけては、まるで無法地帯だ。焼けただれた廃墟のまま、無秩序に放置されている、全壊したビルと砕けたコンクリートの荒々しい残骸《ざんがい》。いまだに焼夷弾《しょういだん》の焼け焦げた匂いが、そこかしこで立ちのぼっているかと錯覚させる。死と生、そして無気力と再生の息吹が、前途が見えないなかでせめぎあっていた。焼け跡の上にトタン板で囲ったバラックの建物が密集し、そのかたわらで年端《としは》もいかない浮浪児たちがその日の食べ物を求めて、飢えた眼を獣のように光らせている。

その日は晴れていた。海部は乗客ですし詰め状態になっていた電車から束になって押し出され、省線（後の国鉄、現ＪＲ）の大阪駅のホームに降り立った。春だというのに、汗の玉が吹き出ている。手の甲で二度、三度とぬぐった。

人の団子にもみくちゃにされながら、つんのめるようにして改札を出た。ようやく生き返った心地がする。辺り一面、高層建物が形もなく消え、その街路の上には、青く澄んだ大空の海原が高く果てしなく続いている。小さな縮れ雲の痕跡がかすかに浮かんでいるのが見える。きれいな空だ。絶えず飛来したＢ29の編隊とその轟音がまるで嘘のようである。漆黒の夜空を焦がした火事の炎はどこへ行ったのか。これが同じ空なのかと、何だか不思議な気がした。

　信号を渡ると、不意に軍歌の「若鷲の歌」が流れてきた。まだ早朝だというのに、両足をなくした白衣の傷痍軍人が二組、離れて、半畳ほどのゴザに行儀よく座っていた。肩から吊るしたアコーディオンに合わせて歌を口ずさみ、施しを求めている。横には蓋のないへこんだ飯ごうが置かれているが、金銭は見当たらない。自分もよく歌った歌で懐かしい。

「若い血潮の予科練の　七つぼたんは桜に錨……」

　思わず釣られて口ずさみかけたが、急に何かに押さえ込まれたように、唇の動きをとめた。ふと考えるところがあった。

　もうこの歌は二度と口にすまい。そう思った。過去は過去として受け止めよう。それでいい。忘れるのではないが、今日この日からの自分は違う。未来に向かって歩むのだ。その第一歩が今、始まろうとしている。日商という商社の舞台で、社会人として新しい人生を刻んでいくのだと、思い直したのだった。

　進駐軍米兵から横流しされた服地で仕立てたばかりの背広に身を包み、希望の息を胸深く吸い込んだ。

（すごい人波だ）

　買い出しのリュックサックを背負った男たちとぶつかりそうになる。両腕をしっかりと脇につけた。手提げカバンを浮浪児に盗まれないよう注意しながら、初出勤となる会社への足を速めた。

日商は昭和三年に創立された会社だが、その前身は一時、三井物産や三菱商事を凌駕《りょうが》したともいわれた鈴木商店にまでさかのぼる。歴史は古い。その鈴木商店は明治十年、砂糖と樟脳の取引を専門として、辰巳屋ののれん分けの形で神戸に設立された。そして大番頭である金子直吉の奮闘で急成長し、社員数三千人の大企業にまでのし上がったのだった。隆々たる総合商社であった。

金子直吉は、当時の明治政府高官で台湾総督府民政長官であった後藤新平と懇意にしていた。財閥系商社顔負けの政商的な動きをして商売を広げ、政府系特殊銀行である台湾銀行をメインバンクとして資金調達した。その一方で、独創的な手法と相場勘をも駆使し、三井、三菱をも凌《しの》ぐ売上高を記録する。

大正三年（一九一四）、第一次世界大戦が勃発した。大方の予想では戦争はすぐに終結して物価はむしろ下がるだろうといわれたが、金子は逆の動きに出た。そのときまだ二十代だったロンドン支店長の高畑誠一に急遽、電報を打っている。高畑は神戸高商を卒業して彼の言葉を借りれば、「初めての学校出の社員」として鈴木商店へ入社していた。それまでは神戸や横浜などの外人商館あがりの番頭が店の働き手になっていたのだった。金子の電報はこうだ。

「Buy any steel, any quantity, at any price」（価格、数量を問わず鉄鋼を買いまくれ）

高畑はすぐさま鉄や砂糖を買いあさり、金子の指示にこたえた。やがて戦争は長期化し、ヨーロッパ全土に深刻な物不足が生じた。金子の読み通り、このとき鉄と砂糖は金の成る木と化したのである。

一方、国内でも金子は時を移さず大量の船を造船所に発注した。三菱造船所には一万トン級の貨物船を一度に三隻も注文し、

「鈴木商店の金子は気が狂ったか」

と、他の商社から揶揄《やゆ》されたのだったが、ここでも巨利を手にしている。冷徹な判断力と常識の裏をつく行動力がみてとれる。

また金子の三井、三菱に対する競争心も実に旺盛で、それは大正六年十一月に高畑に書き送った手紙に現れている。金子五十二歳の時である。

「今当店の為し居る計画は凡て満点の成績にて進みつつ在り……三井、三菱を圧倒する乎、然らざるも彼等と並んで天下を三分する乎、是鈴木商店全員の理想とする所也。小生共是が為生命を五年や十年早くするも縮小するも更に厭う所にあらず。要は成功如何に在りと考え日々奮戦罷在り恐らくは独乙皇帝カイゼルと雖も小生程働き居らざるべしと自在し居る所也。ロンドンの諸君是に協力を切望す。小生が須磨自宅に於いて出勤前此書を認むるは、日本海海戦に於ける東郷大将が彼の『皇国の興廃此の一戦に在り』と信号したると同一の心持也……」

巻紙の長さは二十一尺（約六・三メートル）にも及んだ。金子の心意気がひしひしと伝わってくる。

人は死んでも事業は残る。

これは金子の口癖だった。高畑もその言葉に惚れ、信じた。後年、日商岩井常務の島田三敬が残した「会社の生命は永遠です……」という遺書と相通ずるものがある。日商岩井という会社の血に脈々と流れ続ける商社マン魂が見てとれる。

当然のことながら鈴木商店は活気に溢れ、進取の気性に満ちていた。社員一丸となって、猛烈に働いた。この頃、高畑らが知恵を絞り、鉄や船、小麦、砂糖など、日本を通さない三国間貿易にも他社に先駆けて着手している。発想の斬新さではかなう商社はなかった。

「たわけたことを……」

とバカにしていた他の商社も、鈴木商店の成功を見てあわてて追随したのだった。当時、スエズ運河を渡る船舶の一割もの比率を鈴木商店が占めたという。世界の一割なのだ。三井、三菱の嫉妬と反発が頂点に達したのも無理はない。

ところが昭和二年（一九二七）三月、事態は急変する。ちょうどニューヨークのウォール街を襲った世界恐慌の二年半前のことである。東京渡辺銀行の破綻をきっかけに日本で金融恐慌が起こったのだ。

またたく間に各地で銀行の取りつけ騒ぎが発生した。ちょうどプリント基板に貼り巡らされた配線が次々とショートしていく様を連想させる。もはや手がつけられない。とうとう台湾銀行も鈴木商店への融資を打ち切らざるを得なくなり、その結果、四月にはあえなく鈴木商店が倒産するのである。あっという間だった。三井物産や三菱商事と異なり、財閥というきずなで結ばれた系列銀行を持たなかった悲劇がここにある。

しかしその倒産は起こるべくして起こったともいえよう。なぜなら台湾銀行のコール資金の最大の調達先が、三井物産の台所を預かっていた三井銀行だったという事実なのだ。その三井銀行がいきなり三千万円という貸付金を引き揚げてしまったのだから、息の根が瞬時にとまったのも無理はない。

コールというのは金融機関同士の市場において、非常に短い期間で資金を貸したり借りたりすることをいう。当時、資金繰りに窮していた台湾銀行は、その日暮らしのようにコールに頼って日々をしのいでいたのだった。しかもそのほとんどを三井銀行に依存していたのは致命的というべきか。

このコールと並び、台湾銀行を破綻に追いやったもう一つの重要な要素がある。それは震災手形法の存在だ。大正十二年の関東大震災の被害者救済措置として生まれた法律だが、いつの間にか実態は目的から離れ、被害と関係のない理由でも資金が湯水のように流れた。企業が手形を振り出し、銀行がそれを割り引くという仕組みであるが、震災手形のほとんどを台湾銀行が保有した。何とそのうち三分の二が鈴木商店の振り出しになっていて、そのすべてが不良債権と化していた。

時の内閣憲政会は台湾銀行を救おうと、不良債権となった震災手形を政府が肩代わりする法案を策定しようとした。ところが議会で敵対する政友会が死力を尽くして妨害し、なかなか成立させない。時間だけが空しく過ぎていく。そして、その政友会の背後で彼らに資金提供をしていたのが三井だというのが公然の秘密になっていた。

これら二つの要素を結びつけたとき、その裏で時の三井グループの総師、三井物産の意向が働いていなかったと誰が断言できようか。

さて、鈴木商店倒産後、高畑誠一らの動きは素早かった。このまま甘んじるつもりは毛頭ない。同僚たちに呼びかけ、翌昭和三年二月には大阪中之島にビルの一室を借り、日商株式会社を設立した。資本金百万円、社員三十九人から成る貿易部門中心の商社として再出発したのであった。このなかに永井幸太郎もいた。後年、日銀理事から日商岩井に入社し、社長にまで上りつめた速水優の義父にあたる人物である。

当時の新聞は新会社のことをこう皮肉っている。

「カネも失い、本業を捨てて一体何をやろうというのか。三年もてば上出来だろう」

カネというのは鈴木商店時代の金子直吉と金をかけている。

三井物産と三菱商事の動きも素早い。鈴木商店の破綻と同時に、鈴木がインドのタタ製鉄から輸入していた銑鉄の商権を一気に奪ってしまおうと、タタに対して猛烈に働きかけたのだ。しかしタタは動じない。今こそ鈴木との長い友好関係に報いる時だと判断し、新生日商との継続を選んだのだった。

鈴木商店時代の商権は日商にほとんど引き継げなかったが、金子直吉の商社マン魂は高畑や永井らにしっかりと受け継がれた。インドのタタ製鉄からの輸入一つで始まった商売も、時とともにしだいに商品種類が増え、広がりをみせる。その躍進ぶりは尋常ではない。何と十年目には繊維部門が固まり、さらに生産部門への進出がはじまっていた。昭和十五年の年商ベースでは日商は十大貿易商社の一角に食い込むまでに成長した。とりわけ第二次大戦の終戦直後に見せた船舶受注における一時の活躍ぶりはめざましかった。

当時、会長だった高畑誠一は、鈴木商店ロンドン支店長時代に携わった船舶傭船や運行コントロールを通じ、多くの海外船主やシップブローカーたちと知り合いになっていた。高畑は自ら彼らの間を走り回り、持ち前のバイタリティーで次々と船舶の建造を受注する。昭和二十三年にノルウェーから日本として戦後初めて捕鯨船二隻を受注して日立造船につないだのを皮切りに、翌年にはデンマークからタンカー二隻を受注し、播磨造船所と新三菱重工につないだ。このように日商の屋台骨となる船舶輸出の基礎を築いたのだった。だが高畑だけの単独奮闘に限界があったのは否めず、ライバル商社の復活とともにその力は萎え、またそれ以上に欧米のシップブローカーの活躍に打ちのめされる。

一方、政治家との関係でみると、金子直吉が後藤新平と親しかったとすれば、高畑誠一の人脈は衆議院議員の松野鶴平だった。鶴平の息子が後の松野頼三（佐藤栄作内閣の防衛庁長官）であり、この人脈は海部八郎へと引き継がれていく。高畑はまた岸信介とも昵懇《じっこん》の間柄で、岸が商工省の課長をしていた頃からの古い付き合いだったという。池田勇人とも、その流れで親しくしていた。

日商に入社して二年目の年、海部八郎に大きな転機が訪れた。それは高畑誠一との運命的な出会いである。

創立二十周年を記念して、社内論文が募集された。テーマは「日商あるいは支店出張所または部課の運営に関する建設的意見」となっていた。今こそ夢を語るチャンス到来だと、海部は胸を躍らせた。大学での猛勉強は無駄ではなかった。何日かの半徹夜のあと、ようやく書き上げた論文「世界貿易の趨勢と機械貿易の将来」が第一席に入った。

これを読んだ高畑誠一は鋭い時代洞察と緻密な分析力にいたく感銘した。船舶需要の爆発的な伸びを予測し、造船受注こそが日商の商いの柱であるべきとした内容に、何度うなずいたことか。今、自分は船の受注で世界を駆けずり回っているが、その戦略の正しさを理論的に解明してくれている。

いったい海部八郎とはどんな男なのだろう。自分にはない何かを持っている。ガツンと頭をなぐられたような心地よい衝撃が舞っている。高畑は手にした論文を置くと、そっと部屋を出た。海部が働いている職場までわざわざ足を運んだ。胸に打ち付ける激しい期待感に耐えながら、こっそりと離れたところから目をやった。いちずに仕事に打ち込んでいる若い顔がそこにある。論文の鋭さからは考えられないほどおっとりした容貌に意外な感じがしたが、かえってそのちぐはぐさに理屈を超えた好感をもった。

ふっと遠い昔、入社四年目で金子直吉からロンドン赴任を命ぜられた頃の記憶がよみがえった。それが目の前の海部の姿と重なった。この男を徹底的に鍛えてみよう。それだけの価値がある。一人前の商人《あきんど》に育ててみせるぞ。高畑はひそかに決意した。そしてその日から即実行に移したところが高畑の行動力の強さなのか、それとも素朴さなのか。

「先ずは船から勉強しなさい」

と言って、自らマンツーマンで教える気合いの入れようだった。

ちなみにこの論文を選んだ重役会は選評の末尾でこう結んでいる。

「老人は口を開けば今の若い者は勉強不足だとけなす悪癖《あくへき》がある。しかし今回集まった論文を読んだ以後、一切若い者の悪口をいうまいと堅く誓った。烈々たる愛社の情に充ち、勃々たる興隆意気に燃え、これを表現するに洗練された辞句を用いている。読んでいるうちに、日商は頼もしい社員をよくも集めたものだと、自然に頭が下がった」

高畑の意気込みは若い海部にもひしひしと伝わってくる。切った張ったの相場勘の鋭さに加え、意表をついた行動力と幅広い政界人脈で勇躍する雲の上のような人物が、こんな若造の自分に親身になって商売のイロハを教えてくれる。海部は胸が熱くなった。

自惚《うぬぼ》れかもしれないが、日商の将来を託そうとしてくれているのではないか。そんな思いがいっそう海部を前へ前へと駆り立てた。高畑の教えが厳しければ厳しいほど、心の中で感謝の頭を下げた。

後年、海部が日商岩井の副社長になったとき、

「高畑さんには、本当に手塩にかけて育ててもらった。英文の手紙の書き方まで、手をとって教えてもらいました」

その後、高畑の命で海部はロンドンへ赴任している。高畑が懇意にしているスコットラン

ド系の船会社へ見習い奉公に出されたのだった。まだ外貨が不自由な終戦直後だというのに、大変な投資である。

高畑は個人の金銭欲には乏しい男だが、意外と気配りの出来るところもあった。海部が出発する二週間ほど前に自分の部屋へ呼び、無造作にポケットから札束を取り出して、あっけにとられている海部の手に握らせた。

「人間の評価はな、海部君。案外単純なんやで。第一印象で決まるんや。さ、このお金でええ背広を作りなさい」

もちろん高畑のポケットマネーである。この資金で海部は高級ウール地の三つ揃えを二着あつらえ、以後、勝負服として末永く愛用することとなる。

それからもう一つ、高畑は注意を与えている。海部の手指の爪を見ながら言った。

「それそれ。爪の垢がたまってるわ。清潔な見栄えにせなあかん。ちょっとしたことやけどな」

ロンドンでは忙しい。海部は昼夜を問わず懸命に働き、学んだ。夜は夜で安酒のパブへ顔を出し、ネイティブから生きた英語を耳で聞き、口で実践した。

「英会話なら、ガールフレンドを作るのが一番近道だよ」

同僚や他社の日本人駐在員たちは盛んにけしかけるが、海部は馬耳東風《ばじとうふう》である。理由は気恥ずかしくて、とても言えない。デートなどに使う時間が惜しいのだ。

高畑の期待は痛いほどわかっている。一日一日が真剣勝負の勉強である。用船の仕方から商いとしての海運業、そして船そのものの技術的なことまで貪欲に知識を吸収し、経験を積み重ねた。がむしゃらさと頑張りでは人に負けない自信がある。

　大学卒業までは苦手のまま残っていた理科だったが、日商入社を機にこれも克服している。むしろ下手な技術者など及ばないほどの知識を身につけた。彼ががむしゃらに機械技術の勉強に取り組んだのには高畑の次の言葉が強く影響していた。尊敬する大先輩の言葉は瞬時に海部の若い心に刻まれたのだった。

「金子さんの商売の知識はえらいもんじゃった。でもあの人のえらいのは商売の知識よりも、むしろ工業の知識じゃよ。技術とゆうてもええ。工場を建てて、品物ができる、工場が動くということが、何ともうれしゅうてしようがない、それが先生の楽しみだったんでしょうな」

2 追いつき追い越せ

昭和二十七年（一九五二）秋、ロンドンでの修行も終え、海部八郎は晴れて日商ニューヨーク支店の駐在員に任命された。いよいよ腕の見せどころ到来だ。世界へ羽ばたく大きなチャンスが訪れた。海部八郎二十七歳のときである。

それに先立ち、海部はロンドンから高畑に手紙を書き送っていた。そのなかで海運業の中心は徐々にロンドンからニューヨークへ移りつつあること。その証拠に戦争中にボロ船を集めて米国政府に傭船させたギリシャ系船主が、ニューヨークに住んでいることなどをあげ、自らニューヨーク駐在員になることを志願したのだった。

赴任前、海部はいったん帰国した。高畑に作ってもらった背広を大事そうに着ている。同僚達との送別会とは別に、高畑は個人的に北新地の料亭で一席設けた。瀬戸内海で捕れたばかりの鯛の刺身に舌鼓を打ちながら、根っからの関西弁で、海部に心情を吐露している。

「早う日商を大きくしたいもんやねえ。鈴木商店を再興するのが私の夢や。金子さんもあの世で、きっと望んではるやろ。三井や三菱の財閥系なんかに負けてられへん。関西系の意地を見せてやる。必ずやってみせようやないか」

そう言って、無駄肉のない締まった海部の肩に手のひらをのせ、まっすぐに目を見据えた。

海部は一瞬、目の前の人物が写真でしか知らない故人の金子直吉の顔と重なり、瞬《まばた》きを忘れた。金子直吉の声のような気がした。咄嗟《とっさ》にどう答えていいのか気の利いた台詞が思いつかない。ただ黙ったまま、決意だけは表情にあらわし、頭を下げた。大先輩の言葉をしっかりと耳の奥に刻みつけた。

「時代は大きく動いてるで。知ってのように、当社がニューヨークに事務所を構えたのは去年のことや。日本銀行とうちだけしかなかったんやから」

「すごいことですよ。民間会社のなかで日商が一番乗りですからね」

「ま、スタートダッシュの差だけやろうけどもね。すぐに財力で巻き返しに出てくるやろう。あとは君の活躍次第やな。頼みますよ」

高畑はそう言って、海部の盃に酒をついだ。

ここで参考までに、ざっと昭和二十七年当時の日本の状況を俯瞰《ふかん》してみる。この年の四月、吉田茂首相と米国トルーマン大統領とのあいだで対日平和条約が発効した。六年八ヵ月にわたる長い占領下からようやく脱し、独立国日本としての新生の日を迎えたのだった。そして五月一日のメーデーでは、デモ隊と五千名の警官隊が皇居前広場で正面衝突した。大乱闘となり、米軍自動車十三台と白バイ一台が焼かれ、重傷者百名を数える惨事となった。一方、経済面では五月に国際通貨基金（ＩＭＦ）への加入が決定し、日本の国際社会復帰を目指した最初のスタートが切られている。

さて満を持してというか、はち切れんばかりの希望を胸に海部は勇躍ニューヨークに乗り込んだはいいが、待っていたのは厳しい現実だった。当たり前のことだが、一介のぽっと出の日本人に船の注文をくれるほど甘い世界ではない。

来る日も来る日も徒労の積み重ねが続く。さすがに強気の海部も内心では弱音でくず折れそうになっていた。いくら高畑からの信頼があるとはいえ、売上なしに経費ばかりがかさむ状況に、周囲の目も日ごと厳しくなっていく。もうすぐ上席に手が届きそうな支店長は口にこそ出さないものの、海部を見るときの不機嫌そうな渋《しぶ》っ面《つら》が正直に心情を語っている。本社からの不満の声も聞こえてくる。

とりわけ鉄や穀物、雑貨などの口銭ビジネスの連中には、ムダ金使いの海部に我慢がならない。本社から出張してきた人間などは、しがらみの少なさに助けられてか、嫌味を通り越して非難を直接ぶつけてくる。タイムズスクェアの角にあるマクドナルドで一緒に昼食をとったときもそうだ。

「俺たちはなあ、海部君。一円、二円の積み重ねで自分の給料を稼いでるんや。ケチな商売と言われても、これがなければ会社は成り立っていかへんねんで」

「いや、よく分かっています。おっしゃる通りです」

海部はいっそう深く頭を下げた。その通りだと思うからこそ、余計に苦しい。

「それやったら、言いにくいことやけど、もうちょっと態度を小さくしたらどないや」

「はあ、すみません……」

「まあ、ええ。そのでかい態度がな、君の持ち味やから」

その皮肉の裏には、高畑が海部に示す期待に対する嫉妬《しっと》がたぶんにあった。そのことは薄々、海部も気づいているが、ごく潰しであることには変わりはないので、反発する気など微塵《みじん》も起こらない。相槌《あいづち》を打ち、謝り、その場をしのぐ。しかし謝るたびに高畑を取り巻いているであろう苦境が頭のなかで渦を巻き、海部の気持ちを暗くした。本社経理部から送られてくる月次決算の部門損益表も、その思いに追い討ちをかける。

もちろんその間にも新造船の営業活動の努力は緩めていない。いっそう気合いを入れ、走り回っている。各国の船主やブローカーたちの間を根気よく訪ねて回るのだが、相も変わらず一向に成果が出なかった。

そんなあるとき、高畑がロンドン出張からの帰途、前触れもなしに一人でぶらりとニューヨーク支店へ現れた。日本国内ならまだしも、海外でさえそんなことはよくあった。大げさな歓待は最も嫌うところだし、事前準備のないところで仕事の実態を知りたいと思っているからだ。何のてらいもない。あくまでも仕事に徹した男なのだ。自分を大きく見てもらいたいとか、大きく見せようとかいう意識は毛頭ない。支店側の慌てぶりなどお構いなく、どんどん仕事の現状を尋ねていく。ただ海部にだけは電話で極秘裡に予定を知らせ、出張を控えるようにと伝えてあった。

初日の夜は支店長と過ごしたが、二日目、早い夕飯にシーフードの店へ海部を誘っている。海部は観念していた。すでに前日、業績を説明した時に謝ってはいるが、それですむことではない。かといって責任のとりようもなく、気持ちの定まらないまま、席についた。申し訳なさとふがいない自分への嫌悪で言葉が出なかったが、気持ちだけはもう一度、表しておきたいと思った。

「すみません。本当に、ご期待に添えなくて……」

カウンターの席で、神妙に頭を下げた。高畑が片手を軽く横に振った。

「もうええやない。その話はきのうで終わりや。今日はうまいもんを食べようやないか。腹、減ったわ。さあ、つまんでつまんで」

と言って、同じ手で皿に乗った大きなロブスターを指さした。今朝、チェサピーク湾で獲れたばかりの伊勢エビだ。つい今しがたまで斜め前方の水槽で泳いでいた。海部は高畑のそのひょうきんな物言いに、ふっと気が楽になった。途端に空腹が鳴った。このところずっとバーガーとかフライドポテト、クロワッサンとコーヒーなど、ありあわせの物ばかりが続いていた。胃は正直だ。

「では、お言葉に甘えまして……」

わざと食欲に負けるような振りをした。早く暗い気持ちから逃げたい一心に、遠慮なしに口に運んだ。

しかしこれで終わるとは海部は思っていない。やはり皿の料理が一段落しかかったところで、高畑が海部のグラスにビールを注ぎながら、

「ところで仕事のことやけど……」

と切り出した。海部は顔を横に持ち上げ、相手の目線に合わせる。爆弾が落ちるかもしれ

ないと思った。いや、むしろ落ちてほしい。その方が楽になる。いっそのこと日本へ帰してもらえば、少なくともこの赤字は消えるのだ。

「今は君にとって一番苦しい時やろう」

「はあ……」

海部は曖昧に相槌を打つ。グラスを置いた。心のなかを見透かされているのか。

「でもなあ、私は君を帰らせへんで。まだまだここにおってもらう」

「はあっ？　でもこれ以上いたら、経費が……」

高畑は急に険しい目になった。自分は経費のことなど、まったく気にしていないのだというう。そして海部に顔を近づけ、謎かけのように相手の瞳に見入った。

「私はね。君に絵を描いてほしいと思ってるんや」

「絵を？」

「そう、絵や。白紙の画用紙に『商《あきな》い』というでっかい絵を描いてほしいのや」

「はあ、商いという絵……」

海部は分からないというふうに首をかしげた。

「なぜ君にロンドンへ行ってもらったと思う？　それは絵の描き方の基本を学ぶためや。商いの基本をな」

「はい。お蔭様で船の基本的なことは勉強できたと思っています」

「そやったら、もう基本は終わりや。今度は自分で絵を描かなあかん。自分の頭で考え、手を使って、自分流で船の商いの絵を描くことや。白紙の画用紙にな」

　その絵が描けるまでは日本には帰らせないという。

「苦しいやろうけど、それが君の肥《こ》やしになるんやで。もう人に教えてもらう歳やない。時間や金のことは気にしなさんな。自分でもがいてもがいて、描くんや。それが描けたら、私に見せてくれませんか」

　高畑はそれだけ言うと、腕時計を見た。「あっ、もうこんな時間や」と言って、海部の肩を軽くたたいた。

「さあ、気分転換や。これからヤンキー・スタジアムへ行こう」

　そして右手でポケットから野球の入場券を二枚、取り出し、ひらひらさせた。ニューヨーク・ヤンキースとデトロイト・タイガースの試合があるという。海部にとっても大リーグ観戦は初めてだ。高畑の計らいが意外で、思わず驚きの表情を返してしまったほどだ。高畑の気持ちが嬉しかった。心はすでにヤンキー・スタジアムへ飛んでいる。

「ミッキー・マントルのホームラン、見たいですね」

「ああ。当然、打つやろう。楽しみや」

　ところがその日のマントルはさっぱり球が飛ばない。期待はずれもいいところだ。豪快な一発どころか、マントルのフォアボールと続くヨギ・ベラらの二本のヒットでようやく一点を取って、勝ったのだった。

「ホームランは出なかったけど、ま、手堅い試合やったな。やっぱりヤンキースは強いわ」

その翌日、高畑は日本へ帰った。台風一過とでもいうのか、支店内は皆、ほっとした気分で満たされた。だが海部だけは机に向かって頭をかかえている。絵の宿題のことがずっと離れない。

言われてみれば当たり前のことだが、その絵を描くことを自分は忘れていた。そんな自分が情けない。ただひたすら走り回るだけで、知恵を使っていなかった。戦略もなしに、新造船の受注という大ホームランを狙って、体だけは一人で忙しくしている。

（ホームラン、か……）

そうつぶやいたとき、ふっときのうの試合のことを思い出した。あのマントルがホームランを打たなかった。打てなかった。しかし試合には勝っている。フォアボールとたった二本のヒット。それでも勝ったのだ。勝ちは勝ちである。

（ひょっとして今の仕事も同じではないのか）

ホームラン狙いではなく、ヒットでいい。ヒットを打って、受注を狙えばいいのだ。そんな考えがぼんやりと頭のなかを行き来する。しかしヒットではあまりにも金額が小さすぎる。せっかく自分をロンドンまで行かせてくれたのだ。やはり新造船の受注しかないのか……。いやいや、そうだろうか。ホームランはとても難しい、でも考えてもみよ。新造船受注でなければ、自分がニューヨークにいる存在価値がないだろう。肥やしと言われたけれど、あれは高畑さんの自分への慰めだ。そんな言葉に逃げようとする自分が腹立たしい。海部は堂々巡りした。

だがここで思わぬところから幸運への転換が待っていた。結論の出ない思考に疲れ、何気なく前方を見やったとき、同僚の誰かが開いている新聞の写真が目に入った。ヨーロッパへ就航しようとしている豪華客船だ。海部はハッとした。何かがひらめいた。改めて目を見張った。

（これだ！　やはりこれでなければいけない！）

思わず心のなかで叫んだ。ヒットがここにある。知らなかったわけではないが、これこそがヒットだ。今、改めて気がついた。船丸ごとではなく、そのパーツを売ればいい。タービンやボイラー、舵取機などの舶用機械を売ればいいのだ。そのためのロンドン修業ではなかったのか。船の技術と機械のことは自分なりに勉強したつもりである。ただ高畑さんの期待に早く報いようと、出来もしない大背伸びをしていた。自分への過信どころか、何のことはない、一攫千金をねらうギャンブラーまがいの発想ではなかったか。

（きのうのマントルでいけばいい）

ホップ、ステップ、ジャンプのホップからはじめる大切さを、海部は噛み締めた。ホップがうまくいけば、次には船舶改装や修繕船ビジネスがある。これらは一件あたりの金額は小さくても、積み上げればそこそこの売上になる。少なくとも自分の食い扶持《ぶち》くらいは稼げるだろう。そうなれば社内の批判もなくなるはずだ。それに小額だけに、受注までの時間が短い。こんな当たり前のことを実行しなかった自分に腹が立った。

思いたったが吉日。海部の動きは速い。翌日から早速行動に移した。日本からできる限りの資料を取り寄せ、日本の技術状況を勉強した。そして時を移さず日本へ帰り、実際に何社かの造船所を回ってより深い知識にしている。基礎があるから飲み込みが早い。駆け足の勉強が終わると、急いでニューヨークへ戻り、猛烈な営業活動を開始した。

この戦略は当たった。一年もしないうちにこの分野では日商は押しも押されぬ地位を築くことになる。舶用機械の部隊も本社に組織として確立できたし、ニューヨークにも部下を置いている。いつの間にか社内にあった嫌味と非難は消えていた。後年、派手な言動ばかりが強調された海部八郎だが、実際にはこのように緻密で堅実な内面をもっていたのだった。

（やれやれだな）

これでようやく食っていく土台ができた。だが海部の心は満たされていない。大いに不満である。ヒットはヒットに過ぎないのだ。いくら打っても、ホームランとはほど遠い。もっともっと大きな絵を描かねばならない。自分がニューヨークへ送られてきた理由は十分すぎるほど知っている。そろそろ舶用機械は長沢健夫らの部下にまかせ、本来の課題に取り組もうと考えた。

客の間を駆けずり回る新たな日々が始まった。だが依然として空回りだ。肝心の大きな絵は描けないでいる。新造船の受注戦略だ。焦りがつのり、知恵が思い浮かばない。持ち前のバイタリティーだけが頼りの情けない状態である。いくらバイタリティーを全開にしても、市場はびくともしなかった。どんなに頑張っても、一ミリの隙間でさえ、こじあけることはできない。まるで巨大な岩山を素手《すで》で押しているような無力さを感じた。

それには理由があった。そのことは分かってはいるのだが、だからどうにもできない歯がゆさがある。分かっているからこそ一層、不満がつのるのだ。


当時、日本の輸出船の造船市場には一つの決まったパターンがあった。造船メーカーは単独で活動しない。中核となる商社と結びつき、一体となって受注活動を展開していたのである。三菱造船（後の三菱重工）は三菱商事、三井造船は三井物産というように企業グループで市場を開拓し、各造船メーカーも身内の商社に呼応《こおう》する形で、ニューヨークやロンドンなどに自社の社員を駐在させていた。しかしだからといって、そういう彼らでさえそう簡単に注文がとれるわけではなかった。競争は熾烈である。

一方、日商も含め、商社にとって造船メーカーは顧客にあたる。それも身内の顧客であって、自分がメーカーの営業部門の一員だくらいの意識で常に商活動をしている。メーカーの意向を最大限に尊重し、船主らとの受注交渉に臨んでいたのである。

この商慣習は厚い壁だった。その壁を前にして相変わらず海部は動けないでいる。無為に過ぎていく時間がうとましい。高畑誠一の顔を思い出すたび、焦りに見舞われた。目が据わり、明るい場所でも白目がよどんで見えた。おっとりした印象が取り柄だったのに、そんな以前の海部からは想像できない変わりようだ。

或る日、部下といつものように早朝ミーティングを済ませると、書類を整理している最中

の秘書のところへ歩み寄った。思いつめた表情で、

「ああ、キャシー。悪いけど、これから居留守を使うからね。暫くのあいだ外線電話はぜんぶ断ってくれない」

と言って、数日間、小さな会議室に閉じこもったのだった。

ドアをあけて出てくるのは、書棚や机から資料を取り出す時と、トイレへ行く時、そして昼食で外へ出る時だけである。いっさいの仕事や雑事から逃避した。もう何本タバコを吸ったのかも覚えていない。

（このままでは埒《らち》があかない……）

その思いは徐々に或る考えに収斂《しゅうれん》しつつある。皆と同じやり方をすることに問題があるのではないか。日ごとその思いを強くしていた。この営業パターンを変えない限り、道はひらけない。ここに重要なカギがある。コロンブスの卵が必要なのだ。それしかない。

（今こそ新しい絵を描かねば……）

ヒントはあった。ヒントというより、逆転の発想で突破口をひらきたいと考えた。秘書がいれてくれるコーヒーに一息つきながら、ずっと頭はそのことを考え続けている。

戦争は終わり、世界は経済再生に向けて大きく舵を切った。造船市場はますます拡大している。だのにどうして日本が受注できず、次から次へ外国勢にさらわれてしまうのか。どうして自分たちに分け前が回ってこないのか。

その答えは市場にある。マーケットにあるのだ。マーケットを無視した一方的な販売政策

は、拒絶されて当然ではないか。冷静な市場観察こそが答えを出してくれるのだと、このとき海部はマーケティングの重要性について着目している。がむしゃらに売りつけるだけではなく、顧客のニーズを汲んだマーケティング戦略こそが成功につながるのだと、認識したのだった。

ニューヨークやロンドンには有名な船のブローカーたちがいる。シンプソン・スペンス・アンド・ヤングやハーレー・マリオンといえば業界では知らぬ者はいない。彼らはギリシャ船主などから片っ端から建造注文をとり、世界各国の造船所につないでいた。船の世界市場を牛耳っているのである。

それに引き換え我々日本勢はどうだ。相も変わらず造船メーカーの代理人として注文取りに走るのに忙しい。それでいて苦杯の連続である。メーカーという売り手の立場からの商売には、はっきりと限界が見えているのに、まだそれに固執している。

(これだ。やはりこれしかない)

海部は窓の外に見える街並みに目を落としながらつぶやいた。米英のシップブローカーたちのように、船主である買い手の立場に立って商売をすることだ。顧客は造船メーカーではなく、船の建造を発注する船主、つまりユーザーなのである。ユーザーこそが顧客なのだ。

(まず海外の船主側に食い込もう)

そしてその船主から建造の注文をとってくる。造船メーカーを探すのはその後でいい。メーカーは山ほどある。コーヒーの残りを飲み干しながら、窓ガラスに映った自分に言い聞かせるように語りかけた。

だがこの発想の転換は理屈では簡単だが、現実には大きな困難が予想された。義理人情の固い絆で結ばれた日本の造船メーカーや同業の商社からは、裏切り者の非難を浴びせられるのは必定だ。日商の他部門の商売にもきっと悪影響が出るだろう。社内からの非難の声が今にも聞こえてきそうである。その意味でのリスクは極めて大きい。

（しかし）

と、海部は思う。尋常な旧来商法ではいつまでたっても三井や三菱に追いつくことは不可能だ。先ず永久に無理だろう。これは断定できる。リスクがあるからこそ、その先に大きな成功が待っているのだ。その成功の果実を実らせ、もぎとるために自分はニューヨークへ送り込まれてきたのではないか。高畑誠一の期待にこたえたい。

もし自分が今、三井や三菱の社員だったら、どうするだろう。ふとそんなことを考えた。恐らく安泰の方を選ぶに違いない。波風を立ててまで未曾有の冒険に走ることはすまい。

だからこそこの状況は朗報なのだ。海部はそう判断した。彼らが手をこまねいている今こそ、日商にチャンスがある。マイナープレーヤーから一気に躍進するチャンスがここにある。

海部は机に向き直った。頭を整理した。航空便の便箋を取り出し、高畑宛にこれからとろうとする戦略について書きはじめた。高畑が賛同してくれることには確信がある。

リスクとはいうけれど、自分ではそうは思っていないと書き記した。それは計算されたリスクなのである。危険は小さい。なぜならすでに成功者たちが目の前にいるからだ。船主に食い込みさえすれば、あとはシップブローカーたちが享受しているのと同じ成功が待ち受けているのである。いちかばちかの運を天にまかす類のものとは根本的に異なる。

日商の他部門に対する悪影響については間違いなくあるだろう。誹謗中傷だけでなく、売上自体も落ちる覚悟が必要かもしれない。しかしひとたび造船受注が軌道に乗れば、一時の損失などは微々たるものだ。会社全体に対する貢献度では議論の余地もない。

ただあえてリスクというなら、果たして船主の懐に食い込めるかどうかということだ。それも二年も三年もかかったのでは意味がない。というより、遅れれば遅れるほど、日商が危機に瀕《ひん》するし、ついでながら自分の会社生命もつぶされてしまうだろう。もちろん他部門も黙ってはいまい。その意味で、心すべきは成功までの時間である。そんな趣旨の手紙をしたため、高畑の承認を請うた。

だがこのリスクという点に関し、海部はあまり不安を抱いていなかった。困難なことは承知しているが、持ち前の頑張りと根性でやれそうな楽観的希望の方がより強い。海部の性分というべきか。

3　船の風穴をあける

手紙の投函後、一週間ほどして高畑から了承の電話が入った。受け取ってすぐにかけてきたのだろう。高畑の意気込みがうれしい。

「よっしゃ、これでいこう。どうにか絵が見えてきたわ。というても、まだ鉛筆で素描した段階やけどな。次は絵の具で塗りつぶしてほしいもんや」

海部はすぐさま行動に移した。新戦略の開始だ。シップブローカーの方はほどほどにし、これまで遠い存在であった船主に照準をあて、積極的にアプローチをはじめた。造船メーカーの代理人意識はすっぱりと切り捨てた。ギリシャ、ロンドン、そして地元のニューヨークと、船主回りで忙しく、席を温めている暇もない。

とりわけ世界最大の船舶保有国であるギリシャの船主、オナシスやニアルコス、リバノス、カルラスらに最重点を置いた。もちろん部下を連れない単独での行動だ。経費の切り詰めは片時も頭から離れたことはない。

一ヵ月が過ぎ、二ヵ月も過ぎ、やがて半年が過ぎようとしていた。が一向に成果が出ない。ともかく船主のオフィスを訪問はするのだが、オーナーとのアポイントなど、とれるどころの話ではない。いつも秘書の段階で門前払いなのである。意気込みとは裏腹に、遅々として進展しない。いつまでこんなことを繰り返すのか。時間は容赦なく過ぎていく。さすがに強気の海部もため息が出るのを抑えられずにいる。

船主、船主と簡単には言っても、どれも名だたる世界的な海運会社である。組織は大きく、壁はとてつもなく厚い。マネジャークラスには従来からの知り合いもいて、これはこれで会ってはくれる。が、彼らはほとんど権限を有しておらず、意味がない。

(ともかくオーナーに会わねばならない)

何度断られても訪問を繰り返す。アポイントなしで出向くのだ。欧米のビジネスでは事前にアポイントが必要なことくらいは知っている。だがとれないから直接出向くのである。

相手はあきれかえっているが、それでも海部はやめようとしなかった。ビルの入口やエレベーター乗り場で待ち伏せることもやってみる。幼稚な戦術と承知の上だ。だからといって見ず知らずの東洋人がいきなりオーナーの面前に飛び出すのも躊躇され、そこまでやる蛮勇はない。離れて顔を見るくらいがせいぜいだった。

ただ収穫はある。あると信じたい。日商のカイフという日本人商社マンが日参しているという情報が、ひょっとしてトップにまで伝わっているのではないか。そんな気がするのだ。

一方、部下まかせにしている船用機械の売上は順調に伸びている。長沢健夫が頑張ってくれているのが心強い。陰日なたのない仕事一途の男とは彼のことをいうのだろう。彼にまかせておけばまず大丈夫だ、利益も出ている。

この頃、それをバックに海部はある作戦をはじめていた。姑息といわれようと即物的といわれようと、何といわれようとかまわない。日本から扇子や着物、陶器、真珠などの土産物を取り寄せ、ことあるごとに口実を設けては訪問先の会社の秘書嬢にプレゼントするのである。このプレゼント攻勢を根気よく続けた。そしてそれを何度か繰り返すうち、徐々に秘書の気持ちをつなぎとめることに成功し出したのだった。

（もう少しの辛抱、もう少しの辛抱だ）

海部はひたすら足を運び続けた。そして待ちに待ったその日がとうとうやってきた。オナシスが海外出張するという情報を秘書嬢から入手したのだ。アリストテレス・オナシスは後に故ケネディ米国大統領の夫人だったジャクリーンと結婚した二十世紀最大の海運王だ。海部が狙っていたのはまさに彼の出張スケジュールなのである。

秘書はわざと机の上にそのスケジュール表を置き、前に立っている海部を見上げると、丸い黒い瞳で無言でウィンクしたのである。そして何気ないふうにすっと横向きになってタイプを打ち始めた。海部は思わず日本式に両手を合わせて感謝した。そして中腰のまま、急いで手帳に書き写した。

来月、一週間の予定でニューヨークへ行くという。ホテルは格式高いウォールドルフ・アストリアだ。

海部は胸が高鳴った。アテネ市街のいつものホテルに急いで戻ると、その場からニューヨーク支店へ電話を入れた。オナシスの隣の部屋を予約するようにと秘書のキャシーに指示する。

折り返しキャシーからの電話が鳴った。あわてた声だ。

「困りましたわ、ミスターカイフ。ミスターオナシスの隣もスィートルームになっています。とんでもないハイ・プライスですけど、いいのですか」

もちろん海部に迷いなどない。

「頼む。それで頼むよ」

このチャンスに賭けるのだ。その意気込みが、つい声を大きくした。

極めて作為的な行動だ。強引といえば強引だし、一歩間違えれば軽蔑《けいべつ》されるのが落ちだろう。だが海部には何事もこれと決めれば猪突猛進するところがある。達成意欲の大きさが自分でも制御できないくらいにふくらみ、その結果、心配よりも勇気の方がより強く鼓舞されてしまうのだ。


月が替わった。予定通りにオナシスがニューヨーク入りした。いよいよ勝負の時が来た。どういう作戦でいくべきか。ここで失敗すれば、もう二度とチャンスは巡ってこないだろう。海部はいやがうえにも緊張した。

隣室に泊まった海部が最初に目論んだのは、朝食時のレストランで近くの席に座ることだった。そこで何とか話しかけるきっかけをつかみたい。あれこれ考えたが、結局、この戦術に落ち着いた。月並みといえば月並みだ。しかしこれならいかにも自然な感じがするし、うまくいきそうな予感もした。交わす言葉のリハーサルもすんでいる。

だが現実は厳しい。そうは問屋がおろしてくれなかった。レストランの入口近くのソファーに座って待っていたのだが、いくら待っても現れない。そこからは出口も見えるので、まだ外出していないことだけは確かめられる。二時間くらいは待っただろうか。こんな調子が二日も続いた。何のことはない。オナシスはルームサービスを頼んでいたのである。

海部は舌打ちした。自分の迂闊さにあきれた。オナシスほどの大富豪が、その他大勢のいるだだっ広いレストランに、のこのこ下りてくると考えるのが間違っている。浅はかだった。

これで二日間のロスだ。海部の焦りに拍車がかかる。それからも朝昼夜と根気よく見張っているのだが、行き違いもあってか、なかなか会うチャンスが訪れない。夕食にしても、いつも外でとっていて、帰りは遅い。真夜中だ。残りの滞在日数を指折り数えた。もうあとがない。当たって砕けろだ。仕方なく次の手として、待ち伏せに出た。

オナシスが部屋から出る頃を見計らい、少し前に自分も廊下に出て顔を合わせるという算段だ。能のない作戦だとは思うけれど、必死である。高畑との約束を果たさねばという気負いが海部を追いつめている。

部屋から声が聞こえる。待ちに待った瞬間だ。ドアがあき、オナシスが出てきた。三人連れだ。海部は心持ち歩み寄り、深く息を吸う。

「グッドモーニング、ミスターオナシス」

笑みを浮かべた柔和な顔をこしらえ、丁重に挨拶をした。そして自然にそうなったというふうにエレベーターの方へ一緒に歩いて乗り込んだ。心臓が割れそうなほどの鼓動を打っている。足が震え、自分の体とは思えないほど重力がない。

意表をつかれた相手はちょっと怪訝《けげん》な表情をこしらえ、脇の随行員を見た。随行員が何かギリシャ語で耳に囁いた。オナシスは改めて海部の横顔を目でなでると、無言のままエレベーターから降りて待たせていた車に乗り込んだ。

翌日も、そしてその次の日も同じことが繰り返された。奇妙な行為には違いない。ただ最後の日、相手の眉がかすかに持ち上がり、目に挨拶を返すかのような淡い動きが見てとれた。

（今だ！）

海部は見逃さなかった。思いきって会社名と名前を名乗り、握手の手を差し伸べた。相手もつられて、戸惑い気味に手を出す。ぎゅっと圧迫するような感触が伝わってきた。これがあのオナシスの手なのか。厚い皮膚と固い指の骨。海部も負けじとばかり握り返した。あえて名刺は渡さなかった。これだけでいい。顔を覚えてもらえただけで十分なのだ。

その時のオナシスの手のひらの感触は、副社長になった時でもはっきりと覚えていた。いまだに海部の手の肉に深く刻印されて、一気に年月が遡り、熱い思い出となってよみがえる。海部のことを根性の男、という言い方もできるが、獲物を仕留めるまでのしつこさは尋常ではない。オナシスの帰国の日もそうだ。海部は先にケネディ空港に着いて、ファーストクラスのチェックインを終えていた。厳密にはチェックインカウンターの女性職員にチップを手渡し、オナシスが手続きを終えるやその隣の席をとってくれるようにと頼んでおいたのだった。

やがてオナシスが搭乗してきた。もちろん海部の隣である。海部は笑みを絶やさない礼儀のこもった表情で挨拶した。

「ハロー、ミスターオナシス。またお会いしましたね」

横向きになったオナシスの表情が変わった。一瞬、ほとんど白目になり、前以上に驚いた瞳を示した。しかしすぐにそれを隠すと、ハッハッハッと、軽い笑いを吐き出した。海部の魂胆を読み取った瞬間の愉快さが、その細めた目に宿っている。

「そういえばあなたのお顔、ジャパニーズでしょう。確かアテネの本社でも見かけたような気がしますな」

海部はうれしくなった。この瞬間、自分が受け入れられたことを全身で感じとった。強引な賭けが吉と出たのだ。

（いよいよオナシスへの突破口がひらけようとしている……）

その喜びがあまりにも急激に訪れ、海部は差し出した握手の手が緊張で震えた。それを隠すためにいっそう笑顔を貼りつけた。

まだ信じられない思いが強いが、確かに隣の人物はオナシスなのだ。夢でも幻でもない。現実なのだ。そんな雲の上のような世界的な人物と、今、自分は一対一で話をしている。

〝皇国の興廃この一戦にあり〟。金子直吉がよく口にしたという東郷平八郎の言葉が頭をかすめた。それと同じ感情が今、自分を捉え、思い詰めた上の空の気持ちにしてしまっている。

ところが思いがけないことに、この負けられないという土壇場の意識が、不意に海部に勇気と沈着をもたらした。この一事に賭けた強い執念がそうさせたのかもしれない。次に取るべき行動を考える余裕をもたらしたのだった。エレベーターといい飛行機の座席といい、能のない茶番劇と紙一重の賭けであったが、それがことごとく吉と出た。

結論的にいうと、これをきっかけに海部は世界の海運王、アリストテレス・オナシスの懐深くに食い込むことになるのである。

ギリシャへの飛行のあいだ、海部は海運と造船業についての持論をまくしたてた。まくしたてたといっても、たえず相手の表情を観察しながら、意に沿うような方向へ論旨を展開するだけの如才なさは備えている。

その繊細な神経は押しの強さという、日頃みせている猛烈商社マンの外見からは、とても想像できない。外には現さないが、内面では他人の気持ちや感情を推し量る感受性は人一倍強い男なのである。

いわゆる対人関係しだいで結果が左右される商売人にとって、この能力は欠かすことができないものだ。知能指数（ＩＱ）とは別の尺度で測られ、感情指数（ＥＱ）ともよばれる。海部はこの感情指数という点では並はずれた能力を有していた。これがあったからこそ諸外国の顧客に食い込み、船舶のみならず、後に航空機やＬＮＧなど数多くの巨大プロジェクトを受注することができたのである。

再び機中でのオナシスとの話に戻す。アルコールが効いてきたのか、やがてオナシスと随行の者が眠りに引きずり込まれると、海部もつられていつの間にかうとうとし出した。

そして眠りの浅瀬を浮かんだり沈んだりしていたが、スチュワーデス（今日ではフライトアテンダントと呼ばれている）の機内放送の声で起こされた。無意識に手のひらを顔にあて、両瞼から下の方へとこする。

　ふと気がつくと、もうすぐギリシャである。眼下には濃い山の緑が延々と続き、その合間合間に、小さな集落が点在している。赤い屋根や白いコンクリートの建物が太陽の光をはじき、その中央に教会らしい高い尖塔が見えた。それを過ぎるとまた緑に変わり、そのなかを時々、細い川の蛇行線がのんびりと這っている。どれがどことの国境なのか、皆目、分からない。

　スチュワーデスを呼び、熱いコーヒーをもらった。喉から胃にかけて快い緊張が流れ落ちる。頭がしゃんとしてきた。

（もうこんな時間か）

　密度の詰まったあっという間だった。海部は深い満足感とともに、それと同じ程度の強さで焦りをも覚えていた。このまま別れてしまっては元も子もない。また近々に会う機会を作っておかねばならない。

　オナシスが目覚めるのを待って、再び船の話を持ち出し、興味がありそうな話題に触れた。そして巧妙に、いや、むしろ強引といえるかもしれない。あたかも相手から宿題を与えられたかのような形でリポート作りを請け負った。日本の造船所の建造能力と設備投資予測、そして船の主要原材料である鉄鋼の生産能力とその設備投資予測、労務費予測など、最新のデータに基づいてリポートすることを約束した。オナシスはいたずらっぽく笑いながら、こう言ったものだ。

「そのデータなら、会社へ戻れば、私のファイルにもすでに入っているけどね。でも、読ませてもらいましょう。ミスターカイフの手作りのデータを添削するのは楽しみですな」

海部の心根は筒抜けである。

オナシスと平行し、海部は他の船主たちにも積極的にアプローチした。当たって砕けろ方式は海部の真骨頂だ。手法は似たり寄ったりの幼稚なものだが、一東洋人の若者の熱意は次第に受け入れられていく。もちろん熱意だけではなく、理論武装も忘れていない。日商と取引した場合のメリットを根気強く説いた。

第一に技術力の高い日本の造船業界の情報をいち早く提供できること。各メーカーが抱えるドックの腹の空き具合が分かるので、船主にとってベストなタイミングで且つ常に有利な価格で発注できる。第二に日商がメーカーのしがらみから開放された結果、支払い条件などで、これまでと異なり船主側に立って設定できる。第三に外国の単なるブローカーとは違い、総合商社の日商なら、オイルや穀物、鉄鋼製品などの国際市況のトレンドを素早く提供できる、第四に日商自体がカーゴの荷主になれる、などなど。

そしてとうとう夢にまで見た瞬間がやってきた。念願の初受注を手にするのである。まだオナシスからではない。それはグランドリスという大物ギリシャ船主からの注文だった。

「バンザーイ」

電話で内示を受けたとき、ニューヨーク支店内はまるで稲妻の長い連続を思わせるような明るさに満ちた。船用機械部の連中は子供顔負けの無邪気な声で口々にバンザイを叫んだ。そんな部下たちを前に、海部は照れくさそうに「まあ、まあ」と両の手のひらをしきりに前に泳がせ、抑え役に回っている。あまり喜んでいる様子には見えないのだ。

はにかみ屋なのか、それともひねくれているのか、だがそのどちらも正しくない。実は海部というのは有頂天になるのを忘れるところがあるのだ。内面の喜びを外に隠すという気など毛頭なく、忘れるという言葉こそがふさわしい。

損な性分である。やったという感慨に浸るのを忘れ、すぐに次の出陣のことを考えてしまう。それはひとえに目標がとてつもなく大きいからだろう。追いつき追い越せ……なのだ。

（これでようやく第一歩が始まった）

高畑誠一の目を細めた嬉しそうな顔が脳裏に浮かぶ。自分よりも人の嬉しさの方を喜ぶとでもいうのか。高畑の期待にこたえたい。早く次の受注をという強い意欲が先走り、体じゅうが火の玉となって燃えている。

海部に休みという言葉はない。猛烈なアタックに拍車がかかった。まさに体力勝負を思わせる忙しさだ。睡眠時間を削りに削り、世界中を飛び回る。食事にもろくろく時間をかけない。

だからといってやみくもな行動というのではない。戦術は未熟ではあっても、各顧客に応じた綿密な資料を準備し、欲しがる情報を提供する。人情に訴えて同情を引き寄せるという気持ちもなくはないが、むしろ客観的なデータを示して、理論的に説得する方に力を注いだ。

西洋人というのは最後には情ではなく知で動くということを英国滞在中に体を通して学んでいたのだった。

朗報はすぐそこまでやってきていた。そしてその予感は現実のものとなる。ほどなくしてオナシスら他の船主からも続々と注文が入りはじめたのである。歯車はいい方向へとどんどん回転していく。恐いくらいだ。ちなみに最初のグランドリスという船主だけでも、一時期、三十八隻もの建造注文を受けたほどである。まさに日商の独壇場が現出したのだった。


当然、日本国内での海部の評判は悪かった。嫉妬が非難という形でマグマのように噴出した。商社や造船メーカーは寄るとさわると海部のいる日商を非難する。

「日商はいったいどっちの味方なのだ。とても日本企業とは思えない。外国船主の立場でとことん価格をたたいてくる」

事実、海部の価格交渉は厳しかった。船主から得た注文書を片手でちらつかせ、腹を空かした造船所のトップとじかに交渉をする。メーカー同士の競争心理を巧みにつき、価格をたたく。まさに買い手市場が確立されたのだった。ギリシャ船主をバックにもった海部の一人舞台である。

「もう日商とは付き合えん。出入り禁止だ」

そんな苦し紛れの台詞が造船会社の幹部から何度飛び出したことか。しかしそれがカラ元気であることは彼ら自身が一番よく知っている。空きっ腹の船台が悲鳴を上げていたからだ。

また或る者は、

「あの男は日本人の仮面をかぶった白人じゃねえのか。現に鼻が鷲のようにひん曲がっている」

と言って、紙に鼻の長い天狗の絵を描いて溜飲を下げる。ちょうど江戸末期にペリーが黒船で来航したとき、初めて西洋人を目にした日本人たちが、異様に長い鼻を描いて誇張したように、そこには得体の知れない異人に対する恐怖心が表現されていたが、海部についても同様の恐れを人々は抱いた。それは彼に対する最初の脅威であったが、時が経つにつれ、その脅威はますます現実のものとして翼を広げ、彼らの権益を侵すようになる。

造船会社だけではない。各商社の苛立ちも頂点に達した。三菱商事でさえ、三菱造船の建造を日商に奪われる事態が相次いだ。三井物産と三井造船の間でも、型破りのマーケティング戦略を展開する海部商法の快進撃をとめられない。

そしてその流れにさらに拍車をかける事態が起こった。ギリシャと並ぶ海運王、香港の大物船主たちにも海部は遂に食い込んだのだった。

「海部は一人で日本の船舶輸出の二割を扱った」

そんな伝説が生まれたのもこの頃だった。大手造船メーカーが独自に船主へ接近しても、

「日商を通してほしい」

との一言で門前払いを食わされることも多発したという。こうした表に出ない口利きも入れると、実際には二割どころか、四割は下らないと噂された。

ただ大財閥の三菱造船にはいかに海部といえども、そうやすやすと食い込めたわけではない。ここでも海部の根性と粘りが遺憾なく発揮された。それは当時の社長牧田与一郎への徹底した献身だった。西洋の顧客に用いた「知」ではなく、今度は「情」に訴えた。

牧田は無類の麻雀好きで、信州そばに目がない。海部はいつも料亭で接待するとき、あとで必ず麻雀をセットした。そしてゲームの頃合いをみて、ポンポンと手をたたくと、仲居が信州そばを運んでくるという段取りだ。

それだけではない。箱根や草津の温泉にも麻雀大会を兼ねて何度か牧田を招待している。牧田はぬるめの湯を好む。そろそろ牧田が温泉に入りたそうな気配を察すると、海部は麻雀の休憩中などに適当な口実を設けて抜け出し、こっそりと浴室へ足を運ぶ。そして自らが湯船に手を差し入れて加減を見、女将に温度調節を頼む念の入れようだった。牧田も大人の狸である。そんな海部の行動に何度目かのとき気づいたのだが、知らぬふりをするおおらかさをもっていた。

こんな海部に牧田は苦笑をおさえながらも悪い気はしなかった。とうとう「若いのになかなか気のつくヤツだよな」と言わしめ、周囲の部下たちに無言の圧力を加えさせることに成功したのである。組織の三菱といわれるだけあって、トップの一言はたちまち組織図の山を駆け下り、管理職クラスにまで知れ渡ることとなる。海部の勝ちである。ついに大組織をほこる天下の三菱造船への突破口が開けたのだった。三菱商事の忌々《いまいま》しさはますます深く重く沈殿する。

石川島重工（現ＩＨＩ）についても、当時の社長土光敏夫に直接、体ごとぶつかり、人心掌握に成功している。奢侈《しゃし》を退け、実直で駆け引きを嫌う直言居士の土光に、こちらからかみしもを脱いで裸でぶつかった。むしろ人間的な弱さをあからさまに晒すことで信頼を勝ち取ったのだった。

現場主義のこの人物には、海部が得意とする接待などは通じない。真心が勝負だと思っている。好きなパイプ煙草も、その前半日ほどは口にさえくわえずに匂いを消している。きざっぽさは大敵なのだ。背広は土光用に安価で地味な色合いのものを数着あつらえ、替わる替わる着た。さすがに現場の作業着で訪問することまではしないが、心を現場がもつ質実さと健気さで染める努力を怠ったことはない。

接待と並んで海部が対人攻略に使った武器がもう一つある。それはオナシスの秘書に用いたのと同じ贈り物作戦だ。手帳にはこれはと思う人物の住所と電話番号がびっしりと書き込まれている。旅先などで喜ばれそうな品物を見つけると、即座に相手の家へ送り届けるのだった。ただ決して高価な物を選んでいない。手頃な価格で気の利いた一品に限っている。営業活動に迫られてするというのではない。注目した人物には常日頃から気を配っていた。ＴＡＫＥを期待するのではなく、ＧＩＶＥ　ＡＮＤ　ＧＩＶＥ　ＡＮＤ　ＴＡＫＥとでもいおうか。だからこそ相手側は皆、用心の気持ちを起こさず、気軽に受け取ったのだろう。

一つの例を示そう。カリフォルニアへ出張した時のことだ。気分転換にホテル近くのスーパーマーケットをぶらついていたのだが、ふと山積みにされたグレープフルーツが目に入った。咄嗟に土光敏夫の顔が浮かんだ。一年ほど前に赤坂のクラブで客の一人から又聞きした話を覚えていた。土光が経済団体の団長としてアメリカを訪れたとき、そこで食べたグレープフルーツの味が忘れられないと言ったという。海部は迷わず近くのデパートへ行き、石炭箱一箱分（今日でいうリンゴ箱か）のグレープフルーツを贈る手続きをした。今でこそありふれた果物だが、当時はまだ日本では珍しかった。物を贈られるのを嫌った土光だが、あえて手頃な値段を超えず、しかも自分の気持ちにさり気なく寄り添ってくれる海部に、理屈抜きに好意を抱いたという。

牧田にせよ土光にせよ、海部は相手によって対応を変えた。これは一見、ずる賢い態度に見えるが、豹変ということではない。自分を受け入れてもらうための正当な対人関係戦略なのである。営業マンとして当然のことであろう。

そのために海部は涙ぐましい努力をした。客がクラシック音楽が趣味だと知れば、一時、必死になって勉強した。自他ともに認める運動神経の鈍さにもかかわらず、スリーハンドレッドクラブの会員になって頻繁に足を運ぶ。休日には大抵ここにいた。それでいてスコアはいつもワンラウンド一一五前後の下手さだが、しつこく接待ゴルフを続ける辛抱と根性がある。日商社内では同好会のスキー部長とヨット部長も務め、若い部下たちと行動を共にするよう心がけた。

客である相手の趣味に合わせようと、絶えず努力を怠らないのである。後年、五十歳になろうとした頃だった。或る海運会社のトップが海釣りが好きだと知って、わざわざ小型船舶一級の免許をとって、平塚沖で釣り接待をしている。試験勉強は車のなかだった。見え透いた行為ではあっても、くだんのトップはことのいきさつを知り、「ここまでしてくれるのか」と、この一事で海部シンパになったという。琴線に触れるという言葉があるが、海部はそれをさり気なく、しかも二十四時間、三六五日、日商を去るその日まで、実行したのだった。

海部の行動を見ると「当たって砕けろ」という諺を連想する。当たって当たって、また当たるのが海部の真骨頂なのだ。この猛烈な生き方はニューヨーク駐在時代に獲得した教訓だった。当時、日本人がアメリカで暮らすには然るべき身元引受人を必要とした。まだ日本は国際的に信用されていなかった時代である。その引受人になった人物が、高畑の友人であるオランダ系のユダヤ人ビジネスマンだった。当たって砕けろ精神はユダヤ商法の真髄であり、若い海部は彼から徹底的にこれを学んだといわれている。

売り込みにはなりふり構わず全力でぶち当たる海部だが、商人としての矜持《きょうじ》は忘れていない。「安かろう悪かろう」の商売は生涯を通じて一度もしていないのだ。常に一流の商品を客に売った。一流中の一流でなければ売らないという信条を持っていた。これは彼の生きざまを終生貫いた太い心棒だった。

その心棒を支えた柱の一つに正直がある。客に嘘をつくのは海部が最も嫌うところだった。騙された相手は死ぬまで忘れないものだ。手っ取り早く注文をとれても、失うものの方がはるかに大きいことを知っていた。

ここで少しわき道にそれるが、商社の機能について触れてみる。そもそも総合商社のビジネスというのは、無数の商権によって成り立っている。それは当時から今日に至るまで変わらない。その商権を支えるのは巨額の資金力と人なのだ。人というのは顔と言い換えてもいい。取引を円滑化させ、成立させるためには、相手先との人間関係が構築されねばならない。個人的な人と人とのつながりが成功のカギとなる。

これに対しメーカーは設備を保有して物を製造する。いい物であれば、欲しいという客が現れ、販売できる。ところが商社は製造しない。物と物との移動を仲立ちする業である。もっとも近年は資本投資をして自らがメーカーになったり事業開発する場合も増えたが、基本的には人が資本であることに変わりはない。

また商社を組織からみると、一つの部や課があたかも独立した会社であり、同時にその営業に携わる商社マンは、各自が経営者だともいえる。年齢にはあまり関係がない。その意味で彼ら商社マンたちは収益の源泉たる商権の確保と奪取に血眼《ちまなこ》になる。なぜなら商権こそが商社の生命線だからである。この点、メーカーは異なる。製造のスキルとか技術はできるだけ部下に教え込み、会社の財産として社内で共有しようと努める。

このように社内組織という観点からみると、一般的に商社が社内に対して閉鎖的で一匹狼的行動なのに対し、メーカーは開放的で協同的行動なのだ。これは良いとか悪いとかの問題ではなく、業態の成り立ちの違いから生ずる結果であろう。

さらにこの総合商社というのは日本独特の発明品であり、欧米には存在しない。欧米にあるのは単なる専門商社である。例えば化学や食品、機械などという個別の部門に特化し、規模も比べものにならないくらい小さい。

ではなぜ日本だけに総合商社が生まれ、今日なお繁栄を謳歌しているのだろうか。それは江戸末期からはじまる明治以降の産業発展の歴史と深く関わっているのだ。黒船で長い鎖国からいきなり目覚めさせられた日本は、有無を言わさず列強の侵略から身を守る必要に迫られた。周りには帝国主義という植民地化の嵐が吹き荒れ、食うか食われるかの戦いが繰り広げられている。近代社会への脱皮に一刻の猶予も与えられていない。日本社会は待ったなしの形であらゆる物資と技術を必要とした。そしてその役割を担ったのが、ちょうど生まれて間もない商社という国際企業であった。商社という名の前輪がメーカーという名の後輪を牽引する日本独特の産業構造が出来上がったのである。

社会のニーズにこたえるべく、商社は次々と取り扱い商品の枠を広げ、発展を遂げる。世界へ雄飛し、巨大化して、次第に総合商社へと変貌していく。外貨稼ぎの尖兵として輸出に邁進した時もあれば、産業の設備や技術を導入するために外国企業の代理店として活躍した時もある。そして近年では単なるトレーディングという商品仲介業に留まらず、自ら資本参加し、メーカーや事業開発者となる。今や知恵と金を駆使した「動くシンクタンク」としての側面をも備えるに至ったのである。

この物語の主人公海部八郎はちょうど戦後、総合商社が日本経済復興に向けてフル回転をした時代、そしてそれに続く「動くシンクタンク」としての今日の商社繁栄の基礎を築いた時代を、日商（後の日商岩井、現双日）という舞台で奔放に生きた男であった。

再び海部の話に戻る。彼はすこぶる運のいい男でもある。努力もさることながら、天までも味方につけた。当時から日本の造船業界の技術力は世界の最先端を走っていたのだが、このことは海部にとっても幸運だったろう。時代は彼に味方していたのだ。

しかしそれはすでに「世界貿易の趨勢と機械貿易の将来」という論文で予見していたことでもあった。事実、その後、タンカーの大型化とドックの相次ぐ拡張ブームは日本中を席巻したのである。日本の船舶輸出の実績をみると、昭和三十年に西ドイツを抜いて世界第二位となり、翌三十一年にはイギリスを押さえて世界一位に躍り出ている。

かくて日商の船舶部門は鉄や木材と並び、押しも押されぬメイン柱に成長したのだった。しかしそれは逆に社内外の嫉妬と反感を醸成する契機ともなる。とりわけ社内のライバルたちの妬みは静かに、しかし着実に増幅していった。

ところが海部はそのことに気づいていない。高い感情指数を有しながら、むしろそれは顧客に対して全力投入されたのであって、社内に差し向けられなかったところに海部の脇の甘さがある。

会社成長という大目標で頭がいっぱいで、瑣末《さまつ》な社内感情のことなどにエネルギーを費やす余裕がなかったのか。経営者として片手落ちであったと非難されても仕方あるまい。この無頓着でお人好しな性格は子供の頃からのぼんぼん育ちに起因しているのかもしれない。

海部自身は意図していなかったことだが、彼が牽引《けんいん》した造船ブームは日本の産業界を大きく飛翔《ひしょう》させる契機となった。先ずその第一走者が鉄鋼業である。船舶建造には大量の鋼板が使用される。官営工場からはじまった八幡製鉄と富士製鉄、そして民間の日本鋼管ら高炉三社は国内マーケットをがっちり押さえ、時の政府とも緊密な関係を築いていた。そこへ後発の神戸の一平炉メーカー川崎製鉄が突然、割って入ったのだ。

昭和二十五年八月に造船会社川崎重工業の製鋼部門が分離され、川崎製鉄として独立したばかりで、まだよちよち歩きの状態である。そんな時に初代社長西山弥太郎が社運をかけた大博打に打って出た。早くも五ヵ月後には千葉に高炉一貫の臨海製鉄所を建設したいと通産大臣に申請書を提出したのだ。鉄鋼界は猛反発した。

「何をたわけたことを言う。そんなに鉄の需要があるはずがない。我々三社の溶鉱炉だけでも余っているんだぞ」

「資本金を知っているのかい。たった五億円の会社じゃないか。一六〇億円もの総工費をいったいどこから調達するのだね」

既存三社の意向をくむ政府にしても、はなはだ面白くない。頭からつぶしにかかる。当時の日銀総裁、一万田尚登の台詞はあまりにも有名だ。

「川崎製鉄が千葉工場を強行するのなら、今にペンペン草を生やしてみせる」

鋭い眼光でそう啖呵《たんか》をきり、政官業のスクラムでこれでもかと攻め立てた。しかし西山は動じない。将来の鉄鋼需要には自信がある。会社のためだけでなく、日本国のためにもなるのだと確信している。

その確信の根拠は何か。それは欧米の鉄鋼業の隆盛にある。川崎重工時代に既に万全の情報収集を終えている。辞書を片手に自身で文献を調べ、外国の製鉄所見学に訪れた。人にも会って意見をきいている。そのなかに時の経済人高畑誠一もいた。その頃高畑はノルウェーからの捕鯨船を皮切りに、相次ぐ新造船受注を実現し、造船メーカーの注目を一身に浴びていた。

川崎重工葺合《ふきあい》製鋼工場にいた西山は、同じ阪神地区ということで高畑とは旧知の間柄である。建造注文こそ日商からは受けていないが、高畑の活躍には大いに勇気づけられた。救世主といっても大げさではない。復興の息吹が見えはじめた日本経済だが、その将来に一点の強い明かりを見つけた嬉しさがあった。

これからは造船業だ。日本経済の牽引車になるのは間違いない。しかしそれは即、大量の鉄需要につながる。今はまだ休止中の高炉は多いけれど、早晩、足りなくなるだろう。鉄鋼業の未来は無限に広がっている。西山は意を強くした。

しかし用心深さも忘れていない。決断に至るまで何度か高畑に会い、意見を求めている。高畑から借りた海部八郎の社内論文「世界貿易の趨勢と機械貿易の将来」も何度か読んだ。データに基づく客観的な論述には鳥肌が立つほどの感銘を受けた。もっともこの時はまだ西山は海部の名前だけしか知らない。西山の前で高畑は冷静だった。

「論文にもありますけどね、西山さん。確かに世界の船舶需要は大きく伸びますやろ。でもね、果たして日本メーカーが建造を受注できるかどうか。こればかりは分かりませんな」

「つまり競争が激しいということですな」

「おっしゃる通りです。安い船価と高い品質。この二つを実現せなあかんでしょう」

そのためには高品質で安価な鋼材が必要ということだ。それさえ満足できれば、鉄の経営は成り立つ。それを可能にするためにも、断固、最新鋭技術を取り入れた臨海の千葉製鉄所建設に踏み切らねばならないと、西山は決意したのだった。ちなみにその後、西山は初志を貫徹し、早くも昭和三十年には高炉の火入れにこぎつけている。こうして以後の川崎製鉄繁栄への基礎を築いたのである。

この川崎製鉄の成功を見て、神戸製鋼と住友金属はあわてた。遅れてはならじと急ぎ高炉建設を決定し、それがまた八幡ら先行三社を刺激して大増設へと踏み切らせた。いよいよ日本の鉄鋼王国への幕開けが始まったのである。そしてこの鉄鋼業の飛翔は、次の走者として自動車産業の発展を促すことになる。安価で高品質な薄板鋼材の存在は、日本を鉄に次ぐ自動車王国へと導く。かくて経済は高度成長路線へとまっしぐらに突っ走り、神武景気、岩戸景気へとつながる。

振り返ってみれば、歴史のほんの一時期ではあったが、造船ブームの火付け役として海部八郎一個人が日本経済に果たした役割は、これほどまでに大きなものだったのか。意図していなかったとはいえ、今、改めて彼の貢献に目を見張らざるを得ないのである。

4　航空機を追え

敗戦後、ＧＨＱ（連合国総司令部）は軍閥解体と弱体化に向けて多くの改革をした。三井、三菱の独壇場だった航空機商圏にも変化が起きた。初めて関西系商社の参入が認められたのである。

それを受け、繊維商社の伊藤忠は昭和二十七年（一九五二）に元海軍中将の中村止を航空機部長にすえ、以後、着々と実績を積み、航空機をも扱う総合商社への脱皮をはかりつつあった。日商も二年遅れで旧陸軍の航空技術研究所長だった絵野沢静一元中将を迎え入れた。そして二年経った昭和三十一年にボーイング社から日本での代理権を取得し、販売活動に乗り出すのだが、一向に成果が出なかった。

それは防衛庁向けの納入実績を見れば一目瞭然だ。戦後初の主力戦闘機であるノースアメリカン製Ｆ86Ｆは三菱商事が受注（昭和三十年）、ロッキード製対潜哨戒機Ｐ２Ｖ―７（昭和三十三年）と第一次ＦＸのロッキード製Ｆ104Ｊ（昭和三十五年）は丸紅。一方、伊藤忠はビーチクラフト製レシプロ練習機Ｔ―34（昭和二十八年）とボーイング製掃海用ヘリＶ107（昭和二十六年）、ビーチクラフト製練習機Ｂ―65（昭和三十六年）、というふうになっている。日商の名はどこにもなかった。元来、清廉潔白で商才に乏しい絵野沢静一には荷が重かった。そんなところへ海部の出番がくるのである。

昭和三十五年二月（一九六〇）のその日、早朝からニューヨークには大雪が舞っていた。寒波がどっしりと居座り、空も街もまるで呼吸がとまってしまったように凍《こご》えている。

電話のベルが鳴る。駐在員用アパートのベッドの上で、海部八郎は何度めかのベルの音を耳の遠くで聞いていた。しつこい電話だ。いったい誰だろう。海部はようやく体をよじった。昨夜の深酒がまだ頭の芯をしびれさせている。

「ハロー」

受話器に手を伸ばし、眠気混じりの声で応答したが、耳に飛び込んできた声に驚いた。相手は大阪本社にいる社長西川政一だ。思わず上体を起こして礼をした。

「ああ、海部君？　こんなに早くたたき起こして申し訳ない……」

西川はエコーを引きずったせっぱ詰まった声で続けた。今すぐにでもシアトルにあるボーイング本社へ行けという。当時の国際電話は今日のように語尾が明確ではない。自分や相手のしゃべった声が山びこのように弱いエコーとなって、耳にこだましてくるので聞きとりにくい。

「これはまた急なことで……。困りましたよ、社長。明日はギリシャ系船主との売船契約が控えているのですよ」

とうてい受け入れられる話ではない。海部は繰り返し拒絶した。今日はその準備もあるし、ましてや明日の調印式に欠席するなど、とても考えられない。

だが西川は執拗だった。

「君の立場はよく分かる。しかし一刻を争う緊急事態なんだ。すぐに行ってくれないか」

日商がボーイング社と結んでいる総代理店契約が破棄されそうなのだ。体を張ってでも、阻止してほしい。西川の声は悲痛だった。

「でも私は航空機のことは何も知りません。はっきり言って、ど素人《しろうと》です。それにこの船主は日商にとっても大変重要な客なんですよ」

船舶受注に命を賭けてきたといっても過言ではない。他社を蹴落とし、ようやく勝利の道筋がついた。今はそれをさらに盤石なものとする仕上げの時期なのだ。それをする方がはるかに日商のためになる。そんなことを西川社長が知らないはずはない。海部は粘った。

押し問答だ。一時間近くも話しただろう。西川は哀願に似た声を残して電話を切った。

海部は深いため息をついた。再び布団にくるまり、そのままいたが、どうも落ち着かない。頭を左右に振り、酒のモヤモヤを散らす。目をつぶっているが、頭のなかはすっかり冷めている。しかたなくベッドから降り、洗面をした。

コーヒーをいれたけれど、味がしない。西川の言葉が重く胸の底に淀んでいる。もしこれが西川社長ではなく、高畑さんからの電話だったら、どうしただろう。いやいや、西川社長だけのはずがない。これだけの重大事だ。たぶん高畑さんも加わっている。そうみるのが自然かもしれない。タバコの煙を吐き出しながら、海部はそうひとりごちた。

窓の外に目がいった。雪はますます密度を増し、音もなく降り続いている。一面、白い世界が一色に連なっている。ひょっとして飛行機は飛ばないかもしれない。そう思うと、少し気が楽になった。

日商がジャパンをテリトリーとする総代理店契約をボーイング社と結んだのは、昭和三十一年のことだ。それを機に、東京支店に航空機部が新設された。営業マンたちは必死になって売り込みを図るが、一向に成果が出ない。

それから四年もたっている。ボーイング社の不満は募る一方だった。そんな状況は海部も日本に一時帰国するたびに耳にしていた。シアトルに駐在している島田三敬がニューヨークへ来たときにも同様の悩みを洩らしている。

そんななか、事態は急変したらしい。ボーイング社は業《ごう》を煮やし、遂に代理店契約の破棄を通告してきた。そして三菱商事と契約を結び直したいという。それを告げる西川の悔しそうなかすれ声が、まだ耳の奥に生々しい。

（よりによって三菱商事とはなあ……）

追いつき追い越したいその相手に、大事な油揚げをさらわれるのか。そう思うと、ふっと持ち前のライバル心が頭をもたげてくる。しかし他部門のことだ。割り切ろう。自分は船で日本一を目指すのだ。そう言い聞かせ、背広に着替えた。もう一杯、濃いめのコーヒーを飲む。

すっきりしない気分のまま部屋を出ようとしたとき、再び電話が鳴った。また西川政一の声がする。海部はこのとき、なぜかほっとした。シアトルへ行こうと瞬間的に心に決めた。

「参ります。午後の便でシアトルへ参ります」

西川に多くを語らせる前に、海部は自らそう返事した。

「ありがとう。これで助かった。詳しくは現地にいる島田君に訊いてくれますか」

弾んだ西川の声が跳ね返ってくる。これでよかったのだ。海部はそこそこで電話を切り、急いでそこにある身の回り品を集めてカバンに詰めた。先ずは会社へ寄らねばならない。

(三菱に負けてなるものか)

その思いが決断させた。言ってみれば、それだけだ。自分って案外、単純なのだなあと、道すがら海部は苦笑した。航空機のど素人相手に、頼む方も頼む方だが、受ける方も受ける方だ。こんな無謀な話はない。しかしそれだけに自分の能力を買ってくれているのかもしれない。そう思うと海部はうれしくなった。日商へ入社してよかったと、つくづくサラリーマンとしての自分の幸運を喜んだ。

会社に着くと、まず秘書のキャシーに飛行機が飛んでいるかどうかを確認させ、午後の便を予約した。

午前はほとんど電話で費やした。策を弄《ろう》するつもりはまったくない。船主へはありのまま正直に事情を話し、代理の者で契約調印させてほしいと頼んだ。会社の恥をさらすという捨て身の戦法に出た。その結果、包み隠さない態度を評価してくれたのか、快諾を得た。

そして受話器を置くや、キャシーにシアトルにいる島田へフライトスケジュールを連絡しておくようにと頼む。買ってきてもらっていたハンバーガーとカバンを手に、待たせていた会社の車に飛び乗った。キャシーが暖かいコーヒーを紙カップに入れてくれていたのが有難かった。ラガーディア空港への雪道は混んでいたが、運転手も懸命である。かろうじて予定の便に間に合った。

このシアトル行きが、後の海部の運命の分かれ道となるのである。後年、グラマン事件で逮捕され、あげくには身も心も捧げてきた愛する日商岩井から追い出されるのだが、その出発点となったのがこのシアトル行きだった。もちろんこの時点で海部はそんなことを知るよしもない。もしシアトル行きが間に合っていなかったら、海部の運命はどうなっていたか。たぶん違った道を歩んでいただろう。

ようやくシアトルに着いた。空港には島田三敬が迎えに来てくれているはずだ。もう夕刻が迫っている。飛行機のタラップを降りた。温暖な乾いた空気がそっと頬に触れ、生気が戻る。ニューヨークの大雪と寒さが嘘のように感じられた。しかし空気が汚れて、前方の建物まで歩くあいだガソリンと煙の混じった不快な匂いが鼻をつく。美しい街並みも台無しである。海部は大勢の出迎え人のなかに島田を見つけ、片手を上げた。島田も手を上げて応じた。

「どうもどうも。荷物を持ちましょう」

「いや、いいよいいよ」

海部が軽く制する。

援軍を得てうれしいはずなのに、どうも島田の顔色が冴えない。何かあったのか。目もとことなくうつろだ。海部が訊く前に島田がぺこりと頭を下げた。

「済みません。アウトになっちゃいました」

「アウト？」

「はい。つい先ほどボーイングの取締役会が終わりましてね。日商破棄の決定が下されたんです」

海部は返事の代わりに、フーと大きく吐息をついた。張りつめていた意欲が急速に萎《しぼ》み、疲れがどっと両肩におぶさってきた。朝一番で飛び出していれば間に合ったのか。西川社長に申し訳ない気持ちで胸が泡立つ。どうしてぐずぐずしてしまったのか。自分の優柔不断を悔いた。

だが自分よりもっと落ち込んでいる島田を見て、急に気が変わった。島田の前で消沈した姿を見せている自分が情けなく、腹立たしい。海部はカラ元気をよそおった。胸を張り、背筋をしゃんとした。

「なに、勝負はこれからだ。これからだよ、島田さん」

島田は愛想笑いを浮かべ、こころなしかうなずいた。

「まあ、そうかもしれませんけどね。でも最悪です。正直言って、お先まっ暗ですわ」

「お先まっ暗……か」

海部は考えるように言ったあと、急に目に力を溜《た》めて続けた。

「じゃあ、もう心配はいらないってことじゃないの」

「は？」

「考えてごらん。まっ暗のあとは、明るくなる以外にないでしょう。夜明け前って言うじゃない。最悪ってのはさ、いいことの始まりでもあると僕は思うね。島崎藤村に感謝だよ」

島田に対してだけではない。そう自分の胸にも言い聞かせたのだった。

(くじけてなるものか。ここから巻き返すのが俺の真骨頂だ)

そう心に叫びながら、島田の肩を軽《かろ》やかにたたいた。西川社長の悲痛な声が耳の奥でこだましている。高畑誠一の声のような気もした。

「よし、ボーイングへ行こう。この足で……」

海部はきっぱりと言った。

「えっ、ボーイングへ？」

島田はまさかというふうに目を見開いた。

「でも、アポイントをとっていません」

「いらないよ、そんなもの」

策はない。しかし何か突破口を見出せるかもしれない。客の懐に飛び込む。先ずは行動だ。これで世界の船舶市場を切り開いてきたではないか。今の自分には裸で飛び込むしか武器はない。もはや失うものは何もないのだ。この足とこの口で、当たって砕けるしかない。

いったん覚悟を決めると、無類の闘志が湧くのが海部の特徴だ。猪突猛進といわれようと、匹夫《ひっぷ》の勇といわれようと、意に介さない。結果を出せばいい。結果を出せば、会社への貢献が実証される。結果なくしてサラリーマンの資格はないのだ。とりわけ人材だけが資本の商社にはそれが求められている。海部はそう信じていた。

　この海部の信念は、今日、人事の世界でかまびすしい「成果主義」という考え方を先取りしていたといえよう。理論構築をしていたわけではないが、年功序列主義真っ只中という時代だというのに、海部の頭ははるか先を走っていた。

「破棄決定はされても、まだ日商には正式通告は来ていないのでしょう？　先ほど決めたばかりだからね」

「はい。契約では有効期限の一ヵ月以上前までに文書で通告することになっています。だから、いつ文書が発送されてもおかしくありません」

　やがてボーイング社の巨大な建物が見えてきた。一目で見分けがつく。

「ほう、さすがボーイングだね」

　どっしりと空間を占め、周囲を睥睨《へいげい》している。アメリカを代表する大企業だけのことはある。

　海部は静かに息を吸い込んだ。見えない敵に対峙するかのように心のなかで身構えた。島田が黙ったまま、徐々に車のスピードを緩める。

　夕暮れになっていたが、オフィスにはまだ社員がちらほら残っていた。アメリカの会社は帰宅が早い。契約担当のマネジャー、ジョン・モンゴメリーが残っていたのは幸いだ。島田の顔を見て、「ハーイ、シマダさん」と言って、応接室へ案内してくれた。一九〇センチくらいはあろうかという大男だ。四十歳前だと思われるのに、もう額はすっかり後退している。

それに何と豪華な部屋だろう。グレーの厚い絨毯がびっしりと敷きこまれ、否応なく会社の威厳を感じさせる。

「コフィー・オア・ティー？」

モンゴメリーは両手を広げ、やや南部訛りのアクセントで注文をきくと、部屋を出た。

「いやあ、ラッキーだったね」

海部は部屋の片隅に飾られた飛行機の模型を見ながら、島田の耳に囁いた。しかし気分はそれとは裏腹だ。あまりにもあっさりと面会が受け入れられて、かえって不安を増幅させた。喜んでいいのかどうか。

短いあいだに思考が行ったり来たりする。もう決着がついたという事実が、相手に余裕をもたらしているのかもしれないのである。それとも島田への済まなさと哀れみとで、最後の善意を示したということか。それにしても今まで会社に残っていたのが引っかかる。通告の文書を作成していたからなのか。

（いやいや、あきらめるのはまだ早い。勝負はこれからだ）

不意に日本にいる西川政一とその後ろの高畑誠一の顔がまぶたに現れた。何か叫んでいるように見えた。

ほどなくしてモンゴメリーがトレイに紙カップを三つ載せて戻ってきた。コーヒーの香ばしい匂いが鼻腔《びこう》を撫でる。

瞬時の沈黙が流れた。海部はカップに口を近づけ、一口飲んだ。味がしなかった。それから、あえて笑みを浮かべ、切り出した。突然の訪問を謝したあと、快活な声で自己紹介する。そして訪問の目的を力強く述べた。契約を元に戻してほしいというのだ。何と厚かましい、恥知らずな台詞だろう。しかしこれしかない。

くどいのを知りながら、何度も繰り返す。そのたびに額をテーブルにこすりつけんばかりに下げた。なりふり構わぬ懇願だった。

「ともかくもう一度、もう一度チャンスを下さい。今日の取締役会決議を撤回して下さい。三菱商事には負けたくありません」

モンゴメリーはゆっくりと首を横に振りながら聞いていた。が話の区切りをとらえると、その柔和な顔に似合わず、厳しい口調で簡潔に言った。

「もう終わったことですよ、ミスターカイフ。御社には十分な時間を与えたつもりです。十分すぎるほどの時間をね」

「ええ。そのことは承知しています。だけどそれは日商に対して与えた、ということでしょう。日商という会社に対して……」

「は？　まあ、そうですけど……」

モンゴメリーは意味が分からないというふうに、ちょっと首をかしげ、相手の補足を待った。無意識のうちに顎の髭剃り跡を手で撫でている。

「ミスターモンゴメリーのおっしゃる通りです。確かに日商は怠慢《たいまん》でした。四年という時間をたっぷりもらいながら、何の成果も示せなかったのですからね」

海部はそう言って、横にいる島田に同調を促した。島田は深く首をうなだれて、相槌をうつ。青ざめた顔のこめかみの辺りが間欠的に脈打っている。すべて自分の責任だという強い自覚がそうさせているのだろう。海部はこのとき、場違いな心の動きだが、島田という男の純な生真面目《き》さを見たような気がした。

海部は絶えず口を動かすかたわら、一方で時間を気にしていた。そろそろ会談を打ち切られるかもしれない。そんな思いに追いかけられている。アメリカ人は合理的だ。意味のない会議はさっさと切り上げる。

そろそろ機は熟したようだ。海部は頃合いをみて、用意していたボールを投げた。

「ミスターモンゴメリー、私に一つ提案があります」

「提案？」

「ええ、提案です」

そう言って、反応を見るように一息おいた。唐突だということは百も承知している。人間関係がまったく構築されていない初めて会った相手に、とても申し出られるような内容ではない。しかしこの瞬間を逸したら、すべてがジ・エンドなのだ。海部は追い詰められていた。迷いという類のものではなく、まるで玉砕《ぎょくさい》覚悟のような突撃の気持ちになっている。

「実は契約のことですが……」

と言って、右の手のひらを自分の胸にあてた。

「今度は日商とではなく、私、ハチロー・カイフと代理店契約を結んでいただきたいのです」

「は？　ミスターカイフと契約を？」

　モンゴメリーは青い大きな目を四角にさせた。瞳が固まり、ますます分からないという表情である。

（ここが勝負の時なのだ。この一言で相手を陥落させねばならない）

　海部の目に力がこもり、思わず睨みつける形相になった。

「正直言って、私は航空機についてはずぶの素人です。これまでずっと船舶を売ってきました。ほとんどゼロからの出発でしたが、今では日本の船舶輸出の二割を扱うまでになりました」

　と言って、カバンの中から数枚の書類を取りだした。世界の主な船主の一覧表と日商の受注船隻を年代順に表とグラフで示している。口利きも含めれば四割に達するが、それは省いてある。

　モンゴメリーはつられるように顔を近づけた。おやっという表情に変わり、ケースから眼鏡を取り寄せると、興味深そうに視線を走らせた。

「うーん、この数字。すごい伸びですね。ひょっとしてこれ、間違いじゃないんですか」

「ハハハ。そうおっしゃっていただいて、うれしい限りです。何だったら、この中の一人、ギリシャ船主のミスターオナシスにでも、ここから電話を入れてみましょうか」

　はったりではない。手帳を取り出しながら、本当に隅にある電話のところへ歩きかけた。それほど海部は必死であった。モンゴメリーもハハハと軽く笑い返し、手で制した。大きな手だ。

「今のは冗談、冗談ですよ。それにしても驚異的な伸びですな」

「ありがとうございます。自慢するつもりは微塵《みじん》もありません。ただ私のビジネスに賭ける前向きの姿勢をご理解賜りたかったのです」

「なるほど。そういう意味ですか」

「ここにいる島田は技術者としては実に優秀です。でも商売人としては失格でした。今度はその役割を私にやらせていただきたいと思うのです。必ずご期待に報いてみせます」

屁理屈なのは承知の上である。日商がだめなら次は海部個人にやらせろと迫っているのだ。しかも破棄が決議された後でねだっている。

これまで船のネゴ（交渉）を随分してきたが、こんな無茶なビジネスのやり方は初めてだ。三菱商事の方がボーイングにとってよほどメリットがあるだろう。海部はこんなネゴをしなければならない自分が情けなかった。

それでも諦めずに粘るところが海部の真骨頂なのか。そろそろ帰宅をと匂わすモンゴメリーに食い下がり、逆に帰りに街のはずれにあるインスタントのピザ屋に立ち寄る了解を取りつけている。もちろん高級のステーキハウスに誘ったのだが、やんわりと断られた。

ピザ屋に移っても海部は懇願を続けた。丁重な姿勢のなかにも、このチャンスを逃せばすべてが終わるという悲壮感が、自制を超えて溢れ出ている。自分でも気づかないわけではないが、ここで別れてしまえば日商の航空機部門は永遠に浮かぶことはないだろう。西川らの期待を思うと帰ることは出来ない。一秒でも、一分でも、五分でも、まだモンゴメリーと話し続けていたいと切望した。

モンゴメリーは冷静である。時おりピザをつまみながら、根気よく海部の言葉に耳を傾けている。しかし理解はしても、賛同するとは決して言わない。不満なのか、それとも無関心なのか。なかなか感情を表さないし、本心を語らない。

話しながら、海部はどうしたものかと思案していた。一介のマネジャー相手にいくら頑張ってみても、効果は乏しいだろうと思った。この男には決定権限がない。せめて副社長とかの幹部連中に食い込めないものか。明日からの無為に過ぎ去る時間が惜しい。

そんなとき、思いがけない情報がモンゴメリーの口から飛び出した。期待せずに尋ねた海部の問いに答えたのだ。気になっていた事柄である。さも何気ないふうに問いかけたのだった。

「ところで破棄通告ですが、いつ頃文書を発送するご予定ですか。聞くのはつらい言葉ですけれども」

「ああ、それそれ。あいにく作成担当者のジェリー・シュルツが、今夜からヨーロッパへ出かけちゃいましてね」

「へえ、ヨーロッパですか。いつ頃まで……」

「たぶん一週間くらいだと思います」

島田のしょぼしょぼしていた目に急に光が射した。海部の方を見て、日本語で弾む気持ちを抑えるように囁いた。

「ミスターシュルツは法務部の担当弁護士でしてね。ボーイングでは対外文書は法務部が作成するんですよ」

海部は胸が高鳴った。小躍りした。大きな収穫だ。

（一週間……か）

わずかだとはいえ、時間が残されている。まだ諦めることはない。

「ミスターモンゴメリー、もう一つ尋ねてもいいですか。三菱商事との契約条項ですけど、もう詰まっているんでしょうね」

「もちろんです。ただ契約は御社との解除が成立してからでないと出来ませんからね」

「ま、その通りですが、何とか思いとどまっていただきたいんですよね」

訊くべきことは一応、訊いた。主張の方もくどいくらいしている。そろそろ引け時か。

残りのコーヒーに口をつけながら、そっと目を上げ、モンゴメリーの様子をうかがった。

暫時《ざんじ》、沈黙が流れる。相手のカップにはもうコーヒーがない。時計を気にし出していた。

そろそろお開きにするのがいい、と海部は思った。今日のところはこれで十分だ。明日またこの男を訪ねてみよう。ひょっとして幹部に会えるチャンスに巡りあうかもしれない。折りをみて、島田に支払いの合図をし、店を出た。

その夜、海部はホテルの部屋で島田と明け方近くまで議論をしている。日商の航空機部隊の現状はあらかた把握できた。営業努力をしていなかったわけではないが、この部隊はどうも執念が足りないような印象をもった。海部の目から見れば落第だ。ただ朗報といえば、島田三敬の存在だろう。航空機の技術に関し、これほど詳しいとは知らなかった。実直な性格だし、実務家向きだ。使い方によっては役に立つ。有能だ。海部は直感的にそう確信した。

島田三敬は海部より一歳年長で、浜松高等工業を卒業後、第一陸軍立川航空技術研究所に勤務した。そして戦後、産業技術相談所にいたところを、昭和三十一年、先述した絵野沢元中将に誘われて、ボーイング社との代理店契約に合わせて日商に入社したのだった。

生粋の航空機技術者で、わざわざ米戦略空軍の特殊訓練を受け、認定書までもらっている。このボーイングの契約騒動を機に海部の部下となるのである。そして以後もずっと航空機販売に専念し、後年、海部と共にグラマン事件に巻き込まれ、それを苦に、遺書を残して自殺する。

翌朝、赤い目をこすりこすり海部と島田は再びボーイング社へと向かった。海部の十八番である日参の始まりだ。この日は珍しくスモッグが消えている。空はとことん青く澄み渡り、そのすがすがしさと心中との落差の大きさに、二人は期せずしてため息が出た。島田が車の窓をあけ、風を入れる。

「何かいいことがあってほしいですね」

「ああ。この青空のようにね」

しかし会話は途切れてしまう。気が重い。

あいにくモンゴメリーはいなかった。出社した後、すぐに近郊の工場へ日帰り出張したらしい。ささやかな朗報である。海部は目で島田に合図し、島田も薄い笑みを返した。海部は受付嬢を通し、これ幸いと上司のシニアマネジャーに面会を申し出たのだが、あっさりと断られた。

「じゃあ、ジム・ターナーにしましょう」

島田が耳打ちした。モンゴメリーが島田と打ち合わせをするときに、よく同席していた部下だという。

ところがこのターナーにも断られた。窓口のモンゴメリーを通してほしいと、彼の秘書経由で回答された。副社長クラスなどは高望みもいいところだ。顔さえ見るのも不可能である。

その日、一日中粘ってみたが、成果はなかった。しかし日商シアトル店へ帰る車のなか、海部は運転席の島田にこう語りかけている。

「結局、誰にも会えなかったけど、前進は前進だ。受付の前に陣取って、我々の存在をアピール出来たからね」

「なるほど。そういう考え方もありますな」

島田は一応、同調したものの、口調はおざなりである。今の言葉をあまり信じていないふうだ。

（正直な男だ）

海部は窓から入る空気に頬をあて、気づかぬふりをして、続けた。

「私のビジネスの戦術ですけどね。お分かりですか」

そう言って、再び島田の横顔を見た。

「愚直というか、実に単純なんですよ。熱意と真心を根気よく売り込むのです。断られても断られても、足繁く通って売り込む。汗をかくのです。ただこれだけです」

「………」

「明朝モンゴメリーが出社したら、秘書とジム・ターナーから私たちのことを聞くでしょう。たとえ一グラムの重さでもいい。彼の心の棚に、私たちの一グラムを載せることが出来ます」

「つまり一週間通えば、七グラムになるってことですか」

「いや、その頃には一キロになっているんじゃないのかな。むしろそうしなければいけない」

そのためには相手にとってのメリットを示さねばならない。そしてそのメリットを実現するための戦略を呈示し、興味を引きつけるのだ。これで今まで自分はやってきた。

（しかし）

と海部は内心、つぶやいた。今回は肝心のその戦略が示せないのだ。時間もないし、知識もない。ただあるのは船舶で示した実績だけである。これを担保に翻意《ほんい》させねばならない苦しさがある。

それでも会社に戻ると、海部はさっそく島田と資料作成にとりかかっている。島田の説明によると、ボーイング社は戦時中は日本を空爆したB29爆撃機などの軍用機ばかりを作ってきた。そのためいまだに日本市場でのイメージは芳しくない。

「でも、このたびはじめて作った旅客機のボーイング707。性能が素晴らしいの一言です」

「ほう。これは朗報だね、島田さん。性能がいいってのはさ。営業マンにとって何よりの励みじゃないですか」

睡魔と戦うなかで、しかも勉強しながらの資料づくりを支えたのは、他ならぬ、高性能というこの一言だった。一流商品しか売らないという海部の信条が本能的に作用していたのだろう。

海部にとって、資料づくりは手馴れたものである。どうにか形が整ってきた。既存のデータを整理しなおし、日本の民間航空需要の将来性と、現在の日本航空と全日空の機体購入計画を分かりやすく図解入りデータで示した。

秘書のメアリーには徹夜覚悟の特別手当を出して待機させている。まだ小さな子供がいるメアリーだが、海部らの意気に引きずられたのか、週刊誌をぺらぺらめくりながら快く待ってくれている。

なかでも海部が注目したのは航空需要の予測だった。

「これはもっと伸びるんじゃないのかね」

海部の頭のなかには船舶需要の爆発的な伸びがある。戦後は終わり、世界は復興に向かって猛進している。去年には世界初の十万トンタンカーが日本で誕生した。この伸びは海だけに限ったことではあるまい。きっと空にもあてはまるはずだ。

「ところで日本政府の経済成長予測はどうなっていますか」

海部の問いに島田は頭をかいた。くぐもった声で、資料が手元にないと言う。

(何とまあ……。これでマーケティングをしていると言えるのか)

海部は怒鳴りつけたい気持ちを抑え、その場から自身でニューヨーク支店へ電話を入れて尋ねた。幸いまだ社員は残っていた。

四年前の昭和三十一年に政府は報告書で、「もはや戦後ではない」と宣言し、成長路線に舵を切っている。予測の数字を見ながら、海部はもっと強気でいってもいいのではないかと考えた。

このところ世界の商品に対する需要はうなぎ登りである。ともかく物資が足りない。それは船舶需要の増勢が明確に示していることだ。鉄鋼の生産量もそれを裏打ちしている。この勢いでは、いずれ日本は世界市場への製品輸出国として栄えることになるだろう。船舶と鉄鋼の輸出のみならず、電機や自動車などの工業製品をも大量輸出する時代が必ず来る。従って、それに見合って当然、人の移動も増えるはずだ。貨物輸送もそれに続くだろう。

「島田さん。空の需要予測を上方修正しましょうよ」

海部は確信のこもった声で島田に呼びかけた。

この時点で、すでに海部は後の一九七〇年代半ばまで続いた高度経済成長の到来を洞察していたといえる。学術的な根拠に基づくものではない。単なる直感ではあるが、いやむしろ直感だからこそ大胆な発想でのぞむことが出来たのだろう。

試行錯誤ののち、ようやく日商独自の、というより海部式の日本における航空需要予測を書き上げた。もちろんその補強材料として、政府の公式数字以外に、自らが身を置いてきた船舶ブームの実績を付して、信憑性の裏打ちをしている。

この日も資料が出来上がったのは明け方だった。メアリーもよくやってくれた。眠たくなる目を覚ますために、時々、洗面所へ行って冷たい水で顔を洗っていた。化粧が落ちるのも気にしないその気持ちがうれしい。朝、彼女を会社から送り出すとき、海部は口に出した感謝の言葉以上に、心のなかで深々と頭を下げていた。万が一うまく契約継続が成功したら、彼女の子供に何かプレゼントをしたいものだと思った。こんなところでも海部の贈り物意識が働いていたとは愉快である。

「さあ、準備完了。いよいよ戦闘だな。でもその前に、ちょっと英気を養いましょうか」

そう言って、応接室のソファーを島田に譲ると、肘掛け椅子のところへ戻って深々と背を沈めた。

少し仮眠をとった。島田は「逆でしょう」と言って場所を変わろうとするが、海部が手を振って制した。それから二人は会社を出た。島田にホテル玄関でおろしてもらい、海部は部屋へ戻ってシャワーを浴びた。熱い湯が快く体を打ち、ようやく生き返った心地がした。

ほどなくして島田が車で迎えに来た。島田も体力では海部に負けていないようだ。二人は自然と笑みを交わした。

近くのハンバーガーショップで腹ごしらえしたあと、ボーイング社へ向かう。このところ、まともな食事はしていない。それなのにいざとなると睡魔も疲れも感じない。気が張っているんですよ、と島田が言う。

途中、公園でちょっと時間つぶしをし、昼過ぎに目的地へ着いた。守衛とは島田がいい関係を保っているらしく、いつものように記帳だけで通してくれる。有難いことだ。

「おや、まあ、カイフさん」

モンゴメリーの驚きの声が飛んできた。アポイントなしの連日の訪問を受け、迷惑そうな顔をした。だが新たな資料を準備したという海部の粘りに根負けし、仕方なしにというふうに秘書に応接室へ案内させた。それから一旦事務所へ戻ったが、その前にちらっと壁の掛け時計に視線を向けたのは海部たちへの牽制なのか。

モンゴメリーが現れるまでのあいだ海部は黙想していた。ふと子供の頃に見た映画「巌流島の決闘」のシーンが瞼に浮かんだ。宮本武蔵と佐々木小次郎の世紀の決闘だが、何だか自分が今、彼らの気持ちになっているような切羽詰まった錯覚にとらわれた。島田に気づかれないようそっと手のひらの汗をズボンの脇でぬぐった。落ち着け、落ち着けと、心のなかで繰り返した。

だがなかなかモンゴメリーは現れない。いったい何をしているのだろう。島田は足を貧乏ゆすりしてイラつきを隠さない。が海部の方はむしろ心の準備ができ上がって助かるくらいだと思おうとしている。焦ってしまっては相手の思う壺になる。

それにしても同じ客だというのに、こうも違うものか。このボーイング社は、ギリシャやホンコン、ニューヨークの船主たちとは根本的に異なっている。それが海部が抱いた強い印象だった。そこにはワンマン経営は見られないのだ。巨大な組織が日々刻々、統率よく機能しているという感じがする。経営の近代化というやつか。権限委譲が組織的に行われ、いきなりトップとの交渉で決まるという光景は想像しがたい。

階段を踏んでいく必要がある、と思った。一介のマネジャーと決めつけていたモンゴメリーだが、この人物を攻略することなしに勝利はないだろう。それに時間もないことだし、彼に全力でぶつかる以外に道はあるまい。一週間とは言ったが、今日で何とか勝負をつけたいものだ。脇に座っている島田には伝えていないが、海部はそう腹を決めていた。

ようやくモンゴメリーが姿を現した。短い挨拶のあと、

「じゃあ、その新たな資料というのを見せていただけますか」

と、心もち顎を前に突き出し、前置きなしに海部に促した。

「イエス・サー」

海部は間髪をいれず資料を取り出す。本紙をモンゴメリーに差し出した。そして暫時、彼がざっと目を通すのを待った。その目の動き、表情の変化を逐一見逃すまいと、息を殺すようにして控えている。時間が怖かった。

どうやら読み終えた。海部が探りを入れる。

「で、ミスターモンゴメリー。その数字、いかがでしょうか」

「いや、驚きました。本当にこんなに伸びるのですか」

そう言って、懐疑的な、そしてやや驚きの混じった視線を海部に返してきた。海部は大き

くうなずいた。

「先日も申し上げましたが、私は航空機には素人です。また学者でもありません。ただ、実業にたずさわる経済人としてはいささか自信があります」

「なるほど。船舶輸出の実績を見ろとおっしゃるのですね」

「ハハハ」

海部は笑いながら手を横に振って打ち消し、

「そこまで強制するつもりはございません。ただ、一つの例をお話ししましょう。去年、十万トンのマンモスタンカーが、世界で初めて日本のドックで進水しました。今やもっと大きな船をと、世界中の船主たちが騒ぎはじめています」

と言って、その資料を補足として差し出した。モンゴメリーの目が食い入るようにグラフを追う。海部は続けた。

「この傾向はタンカーや貨物船だけではありません。島田が言うには、旅客機でも大型化が進行しているそうですね」

「ま、それは否定しませんけども……」

島田がちょっと海部を横目で見たあと、合いの手を入れた。

「今、海部が申し上げた大型化ですが、どう見ても飛行機では、ガソリンからジェットエンジンへの切り替えは避けられません。そうなると、ますますボーイング機が有利になります。御社の技術にかなう者はいません」

「ミスターモンゴメリー。先日もお願いしました通り、どうかもう一度、このカイフにチャンスをいただけませんか。どうかもう一度……」

そう言って海部は深々とテーブルの上に頭を下げた。もう何度下げたのか、自分でも覚えていない。

モンゴメリーは言葉を探すかのようにそんな海部を無言で見詰めていたが、ふと目線を上げた。

「ミスターカイフ。一つお尋ねしますが、御社と三菱商事との違いは何ですか。三菱には負けたくないと、この前もおっしゃっていましたけど……」

「先ず会社の規模が違います。何しろ向こうは財閥ですから。ちょっと大げさですが、三菱がガリバー旅行記の巨人だとすれば、日商は小人くらいでしょうか」

海部は正直に答えた。嘘をつくべきではないと思った。

「ということは、御社の方が力が劣るということですな」

「確かにそれは否定出来ないでしょう。規模ではね。でも三菱は日本の航空機ビジネスで、決定的な弱点をかかえているのです」

「ほう。弱点……。それは何ですか」

「今回の世界大戦がその理由です。三菱や三井といった大財閥は、利益共同体としてミリタリー（軍部）と深くかかわっていました。だから軍用機にせよ旅客機にせよ、彼らが航空機ビジネスに参入することに、世間は大きな抵抗を感じているのです」

モンゴメリーの目の端がかすかにゆがんだ。痛いところを突かれて不快に思ったのか、それとも無知だったことの驚きなのか。

しかし直ぐにそれをかき消すと、今度は反発の色をにじませた、確かめようとする探りの視線に変えた。

「でもねえミスターカイフ。もう、終戦から十五年も過ぎたのですよ。それなのに、いまだに日本はそんな感情を引きずっているんですかねえ」

予想をしていた問いだ。海部は余裕を誇示するように、

「グッド・クェッションですね」

と穏やかな口調で、ひと先ず投げ返した。

「確かに自衛隊関係の軍用機では、少しは緩やかになったかもしれません。政府の意図で多少はコントロールできますからね。しかし民間の航空会社はそうはいきません」

「というと？」

モンゴメリーの表情が先を知りたがっている。海部は続けた。

「言いにくいことですけど、御社はB29爆撃機を作っておられましたよね」

「ええ、そうですが……」

「軍閥だった三菱とボーイングの名前が一緒になったとき、どうなると思われます？　日本国民の感情にはいまだに複雑なものがあるんですよ。戦禍で亡くなった民間人は八十万人に上ります。ですから航空会社としても、利用者である国民の意向には従わざるを得ないので

す」

「なるほど。だから日商が有利だというわけですか」

「別に日商だけとは限りません。伊藤忠や丸紅にだって、同様にチャンスが与えられていま
す」

「なるほど。言い方もあるものですね。一つ、三菱に訊いてみますかな」

モンゴメリーはそう言って、軽くウインクした。

この瞬間、言葉のきつさとは逆に、海部はなぜか温《ぬく》もりを感じた。商売の勘というやつだ。

モンゴメリーのなかに何か変化が起こっている。海部は胸が波立った。このチャンスを繋げ
なければと、急いで次の一手に知恵をめぐらせた。

ところが物事は期待通りには進まないものだ。モンゴメリーはそのまま黙り込み、さっさ
と手元の資料を片づけにかかった。そして腕時計に目をやりながら、

「そろそろ次の会議が始まりますので……」

と言い、立ち上がりかける。

海部も仕方なく腰を上げ、座っている隣の島田を腕で押して促した。持ったカバンがやけ
に重く感じられた。

立ったまま、モンゴメリーが事務的に言った。

「グッド・ミーティングでした。もう次は必要ないと思います。あなたの主張はよく分かり
ましたので」

一方的な幕切れだった。あまりにも素っ気ない物言いだ。これでアウトなのか。もう一度資料説明に戻りたい気持ちに引っ張られる。何かいい智恵はないものか。しかし、もう立ち上がってしまっている。万事、終わったのだ。海部は来たとき以上の不安を募らせながら部屋を出た。

外へ出た。足が重い。気持ちとは裏腹にまだ空が高く、晴れている。

車を発進させた。乾いた空気が頬を打つ。車窓から首を出し、今、離れたばかりの遠ざかるビルを未練げに見上げた。

（これが最後の握手だったのかもしれないな……）

不安はどんどん広がる。先ほどのウインクと今の握手との間のどこに身を置くべきか、正直言って分からなくなっていた。

島田も戸惑っているふうだ。しかしこの人物、今日はどうしたことか、悲観よりもむしろ楽観の方が大きいらしい。やや生気の浮かんだ目がそれを暗示している。

「だけど奴さん。わざわざ遠く離れたエレベーターのところまで見送ってくれたじゃないですか。これまでになかったことですよ」

「ふむ……。意味深だね」

「ひょっとしてうまくいくんじゃないかと……」

そうありたいものだ。海部は思わず島田に同調しかけたが、かろうじて思いとどまった。

「いや、そうとも言えないよ。むしろあの親切は要注意だね。断るための最後の親切だったのかもしれないな」

「野辺送り……ですか」

「縁起でもないことを言いなさんな、島田さん。さあ、今夜は飲みましょう」

海部はむりやり笑みで顔を緩め、島田の肩をたたいた。どうなるのか分からない苦しみから早く逃れたいと思った。

あくる日、海部と島田が会社に現れたのは昼前である。食欲はない。秘書のメアリーに尋ねてみたが、まだモンゴメリーからの連絡は来ていない。

連絡があるのかないのか分からないまま、じっと時をやり過ごすのは苦しいことだ。かといってボーイング社へ押しかけるわけにはいかず、結局、その日は終日、無為に過ごした。時間の過ぎるのが何と長いことか。日本から状況を問い合わせる電話がないのがせめてもの幸いだった。

だがこの頃、海部には一方で妙に期待したい気持ちも芽生えていた。島田には話していないが、かすかな望みを心の隅に抱きはじめていたのである。それはモンゴメリーのウインクだ。あの意味はいったい何なのか。善意に解釈してもいいのだろうか。しかし野辺送りのことも気にはなる。ああでもないこうでもないと一人で悩み、恐ろしさと期待が交互に訪れた。

その悩みにいい方向で決着がついたのは、さらに一日おいた午後のことだった。待ちに待ったモンゴメリーからの電話が鳴ったのだ。

「契約破棄をペンディングとし、日商と再度、東京で交渉をしなおすこととしたい」

その旨を聞いた海部は、珍しく泣きそうな目をした。緊張した時の癖で、受話器を持つ手が震え、声がうわずっていた。

電話を終えると、島田もうれしさで目を潤ませている。

「海部さん。すぐにでも西川社長に電話をかけましょうよ。夜中にたたき起こしてやりましょう」

「いや、まだ早いよ。書面で確認してからだ」

その日の夜、モンゴメリーから正式文書を受け取ったのち、西川宛に短い電報を打っている。

「クビノカワ一マイツナガッタ」

5　海部軍団と呼ばれて

日本でのボーイング社との交渉は成功した。引き続き日商が代理店をまかされた。海部は交渉責任者として、島田と二人三脚で昼の契約交渉から夜の接待まで、ほとんど寝ずに頑張り通した。

ボーイングのミッションが帰国したあと、西川と高畑は海部の労をねぎらい、神戸の元町駅に近い花隈の料亭で一席設けている。そのニュースは翌朝には社内を駆け回った。上席幹部たちのあいだに、海部への嫉妬が鬱屈《うっくつ》した形で激しく燃えたという。

だがこの時点で海部はまだ航空機担当にはなっていない。手助けしたに過ぎず、船舶専任のままである。そしてその年の六月に人事異動でニューヨークから帰国すると、船舶の部長代理に昇格し、その二年後には船舶部長に抜擢されたのだった。

ところがあれほど大騒ぎしたボーイング機なのに、相変わらず売れない。成果が出ないのだ。時間だけが過ぎていく。海部も気にはしているのだが、部外のことをとやかく言うほど愚かではない。組織人としての我慢を強いられている。ただ島田とは時々、酒を飲むことがある。そんなとき、つい愚痴の一つもこぼしたくなる。

「困るんだよな。ちょっとは実績を示してくれなきゃ。モンゴメリーの前であれだけ啖呵を切ったんだからさ。私の面子まるつぶれですよ」

「はあ、まったく、申し開きのしようもありません」

島田はすまなそうに眉根に皺を寄せ、薄い下唇を噛み締める。

「一所懸命やっているんですけども……」

と言って、瞼を小刻みに震わせながら何度も頭を下げる。それ以上縮められないほど体を小さくしている。斜め前から見下ろす丸い背中に肉がつき、背中が曲がっているようで、年齢以上に島田を老けて見えさせた。そんな実直そうな島田を見ると、海部もそれ以上、文句を言う気を失ってしまう。いつもと同じパターンだ。

「ま、島田さんが悪いんじゃない。あなたの上司も含めて、誰もが一所懸命やっているとは思いますよ」

「でも、受注に結び付けられないと、意味がありません」

「それなんだよね。何故なんだろう。きっと何かが欠けているのだろうね。何かが……」

それ以上は海部も言わない。島田を見ていると、つい口ごもってしまうのだった。「さあさあ、飲みましょう」と続けて、あとは皿の料理をつつき、酒を酌み交わす。それでその日のワンサイクルが終わるのである。そうと知りながら、島田も海部も懲《こ》りもせず相変わらず次のワンサイクルの場を持つ。愉快な組み合わせだ。

「プロジェクトを受注するには知情意の三拍子が揃わなきゃ」

これは海部の得意技である。商品知識の知、客先との人間関係構築という情、そして何が何でもやり遂げるという意志力の意だ。この三つの関数が掛け算となって成功に結びつく。海部はそう信じ、いつもこの三要素を総動員したのだった。

さてこの頃、海の向こうボーイング社では何が起こっていたか。そこでは再び日商切り捨て論が持ち上がっていたのだった。第二の新作ジェット旅客機である待望のボーイング727が完成した。これには社運をかけている。ぜがひでも日本航空と全日空に売り込まねばならず、これ以上、無力な日商に頼るわけにはいかない。そんな考えに傾いた。もう待てない。今度こそ三菱商事に切り替えようと、ボーイングは強い決意でその旨を日商に打診してきた。

一方、日商社内でもようやく動きがあった。高畑は高畑で、西川と同じく、不受注が続く不甲斐ない現状にイラついていた。そんなところへボーイングからの口頭宣告を受けたのである。ボーイングがそう言うのももっともだと、反論する気は起こらない。明らかに非はこちらにある。高畑は決意した。とうとう重い腰を上げた。

（やはりこの手しかないか……）

昭和三十八年四月、業を煮やした高畑は会長室で西川に腹の内を語っている。

「西川さん。この調子じゃ、今度こそ本当にボーイングから契約破棄を食らいそうですな」

「まったく。情けない限りです。三菱商事の舌なめずりが目に浮かぶようですわ」

「今だったら、まだ間に合う。この際、新しく東京支社にボーイング旅客機部を発足させたらどうでしょう。ボーイング専門の部署です。それを海部にやらせてみませんか。そうすればボーイングも思いとどまってくれるでしょう」

西川にとって、高畑の声は神の声に等しい。自分でも心配していたところである。異存はない。それに海部なら何かをしてくれそうな強い予感がする。いや、日商広しといえども、海部以外の適任者はいないとさえ断言できるだろう。どうしてもっと早くこの手を打たなかったのかと、悔やみさえした。即座に同意した。

「奴さん、まだ確か三十九歳だと思いますが、歳は関係ありませんな。早速、実行に移しましょう」

新部発足と同時に海部は部長に任じられた。これまで担当してきた船舶部との兼務である。既に屋台骨となっている船舶に加え、これからの日商を支えるであろう航空機をも海部の手に委ねるという大胆な人事だ。会社の将来を担う二本の屋台骨を若造の海部が管掌する。

社内には期待の声と同じくらいに激しい嫉妬の渦が広がった。前者の期待は主に若手からだが、後者の嫉妬は同年代やそれ以上の管理職、役員に多かった。

そんな波紋を海部は知らぬでもないが、まったく気にしない。というより、気にする余裕がないというのが本音である。何しろ時間との戦いなのだ。そのことはボーイングとの交渉役だった海部自身が一番よく知っている。それにこのままではモンゴメリーにも会わす顔がない。恥ずかしい限りだ。約束違反どころか、裏切り行為ではないかとさえ思う。さぞかし彼も困っていることだろう。

まだ勉強を始めたばかりだが、知れば知るほど航空機には果てしない魅力を感じる。船とは比べものにならない。こんな美味しい商売はないのではなかろうか。日ごとその思いを強くしている。その理由は契約金額の大きさもあるが、狙いはスペアパーツである。一旦、機体を納めたら、何十年ものあいだ自動的にパーツ商売が続けられるのだ。船と違い、他社の代替品は使えない。いわば独占供給という形で、利益がほぼ永久的に保証される。だから、三菱商事は言うに及ばず、他の商社もあわよくばと、この商圏を狙って坦々と目を光らせている。

（ともかく失われた時間を取り戻さねば……）

海部は激しく闘志を燃やした。こうして海部八郎の航空機売り込みが本格的にスタートしたのだった。ここでもまた学びながら走らねばならない切羽詰まった状況が再現される。もう海部のオハコになってしまった。

営業活動に先立ち、海部は自らが先頭に立って徹底的に現状分析を行っている。なぜ日本の航空会社に売れないのか。これだけ優秀な商品がなぜ受け入れられないのか。この「Why?」からのアプローチは、常に海部のマーケティング戦略の基本にある。この単純な「Why?」という疑問符の背後にこそ、打つべき正しい戦略が潜んでいるのを経験的に知っているからだ。

結論は意外に単純だった。他社に比べ、製品は優秀だが、価格が高い。そしてそれ以上のハードルが営業力の弱さであった。価格なら引き下げが可能だが、顧客への食い込み不足だけは如何ともしがたい。日航にせよ全日空にせよ、或いは他の航空会社にせよ、表面的な付き合いだけに終始し、深い人間関係を築いているとはとても言えない状態だった。下っ端の担当者くらいはゴルフに誘えるが、決定権をもつキーパーソンの懐には誰一人として食い込んでいない。知情意の「情」が皆無に等しい。だからいくらいい商品であっても、説明を聞いてもらえない。これでは受注できなくて当たり前ではないか。

（これは難しいな）

だが難しいからこそやり甲斐があるというものだ。何事も前向きに捉える性分である。後ろを振り返るよりも前を向く。部下が失敗しても、拍子抜けするくらい追及を怠る。逆に成功したときは、

「よくやった！　頑張れよ」

と、握手の手を差し伸べ、はにかみながら喜ぶのである。頭が単純なのか、それとも計算ずくなのか。或いは追求などをしている時間が惜しいからなのか。

食い込み不足の原因が分かった。結論が出ると、ぐずぐずしない。海部は早速、部下を会議室に集めた。くどくどと説明するのは性に合わない。単純に方針を示す。

「先ず営業の戦力を集中させるのが肝要でしょう。これしかありません。あの会社もこの会社もと総花的に攻めるのは、今日からやめます」

これからは一社に全員で集中攻撃をかける。それも名の通った顧客でなければならない。となると日航か全日空かだが、自分は先ず全日空を選ぶ、と宣言した。日航は山で言えば最高峰のエベレストだ。今の日商にいきなりそれを登れというのは酷である。それよりは少し低いマナスルに登るのだと言う。部下から懸念の質問が出た。

「一社だけに絞ったら、これまで培《つちか》ってきた他の顧客らとの関係が断絶してしまいます。あまりにもリスキーな戦略じゃないでしょうか」

海部はにやりと笑い、顧客リストを横の黒板に貼り付けた。

「いったい航空会社は何社あると思いますか。これだけの数を少ない営業マンで訪問して、どうなると思います？　薄まるだけでしょう」

だから資源を集中して、一点攻撃をするというのだ。一点集中、一点突破だ。皆が手分けして、相手のトップから平社員に至るまで、徹底的にマークし、立体的に食い込みを図る。

海部は自信に満ちた声で続けた。

「いいですか。その一点を攻略すれば、次はそれほど難しくはありません。全日空のような超一流会社が購入したのだからと、必ずあとに続く会社が出てきます」

そうは明言したものの、内心では自信はない。果たしてあとに続いてくれるかどうか。しかしはっきりしていることが一つある。それはこれまでの営業方法を続ける限り、到底、受注できないだろうということだ。営業マンの数も限られ、しかも時間も限られている以上、どうしても戦略転換が必要なのだ。そう考えた。

その日の午後から、全員が散った。海部も戦闘員の一人である。もちろん相手はトップ層ではあるが。海部が他の管理職たちと違うところは、このように自らが火の玉となって突撃することだろう。御輿《みこし》に乗って安全なところから軍を指揮するというのではなく、自らも戦場で走りながら指揮をするのである。戦国時代の武将にたとえれば、家康ではなく、まさに信長タイプであったろう。

　時が経った。いたずらに過ぎた。船も難しかったが、航空機もそれに勝るとも劣らずだ。読み通りにはなかなか進んでくれない。各レベルでの人間関係はかなり進展したものの、それ以上にライバルである他の商社らも食い込みを図っている。乾いた大地に日商という色のついた水がわずかばかり滲み出したという程度に過ぎない。むしろ他社との差が開いたという恐れも消せないでいる。

（これでは話にならないな）

　手ごわいプロジェクトである。海部は頭をかかえた。今日は朝から机を前にして座ったままである。決済の書類が山積みだ。パイプの煙が息もできないほどもうもうと漂っている。秘書がお昼の出前は何にしますかときいてきたが、食欲が湧かない。「ノーサンキュー」と声だけは元気そうに答えている。

　頭にあるのは相変わらず全日空のことである。自分も含め、島田をはじめとして、皆が死に物狂いで頑張っている。しかし客との距離は依然として遠い。技術説明という点では幾分、縮まってはいるが、決定権をもつ肝心のトップ層がなかなかこちらを振り向いてくれない。これは致命的だ。

　政治家のルートも当たってみた。どれもこれもすべて他の商社に押さえられ、出遅れもいいところである。下手をすれば、政治家には受注もないのに金だけを巻き上げられる結果になりかねない。他の商社と組んだ欧米のライバルメーカーらはどこも強敵で、一向に先が見えない。

何か知恵がないものか。島田の話では、技術の担当者レベルではボーイング機のよさはかなり理解されてきたという。これはこれで一つの前進だろう。実務者たちの声はそれなりに力をもっている。ただしトップが少なくとも中立くらいにまで歩み寄ってくれなければ、それも役立たない。

あくびが出た。しかも連続で、これでもう何度目か。寝不足が続いている。昨日も家へ帰ったのは真夜中だった。

立ち上がり、くるりと窓側を向く。腕と背筋をぐんと伸ばして、そのままの姿勢を保つ。たまった疲れを発散させた。目の先の窓越しに日枝神社の森が見える。秋の高い日を浴びて、紅葉しかかった木々が寄り添い、ゆったりと体を休めている。のんびりした平和な光景だ。いつも同じ景色を見ているはずなのに、今日はどうしたことか。なぜか目に印象深く映る。弱気が心のなかを浸潤《しんじゅん》しているのが、腹立たしいことだが、自分でも分かる。

(神社か……。ここはもう神頼みしかないのかもな)

自嘲《じちょう》に似たつぶやきが漏れた。たまには新鮮な空気を吸ってみようと、ふと思い立った。秘書に行き先を告げて外へ出た。

階段をのぼる。境内の空気は澄んでいた。やはり来てよかった。肺のなかが洗われるようで空気が旨い。日中だからか、人はまばらだ。数羽の鳩がしきりに石畳の間にいる虫を突いている。本殿までさしかかったが、急に気が変わり、そのまま通り過ぎた。何だか気分が落ち着いてきた。神頼みなどしたところで、どうなるものでもなかろう。少し食欲が出てきた感じがする。ラーメンでも食べてみようと思った。

歩く途中、遠くにアメリカ大使館の白い建物の一部が見えた。太陽の光をまぶしそうにはじいている。ここにはビザ取得の関係で何度か足を運んでいる。

（大使館か……）

そのつぶやきが自分の耳のなかでこだまし、再生された。そのとき不意に或る考えがひらめいた。

（そうだ。あれを使ってみよう）

アメリカ大使館である。この商談に大使館を動員したらどうだろう。突飛といえば突飛だが、アメリカ政府の意向として、全日空に働きかけてみる。圧力をかけてくれればなお有り難い。効くかどうかは分からない。しかし失敗して元々だ。藁にもすがる思いとはこのことか。幸いコンペティター（競合相手）のダグラスはまだこの手を使っていない。

急ぎ足で会社へ戻ると、親しくしている政治家の松野頼三に電話を入れた。大使館への橋渡しを頼むつもりである。あいにく留守で、地元の九州へ帰っているという。海部は思わず舌打ちしたが、これがかえってよかった。結果的に政治家に頼らなくてすんだからである。

というのはその夜、会社に残り、アメリカが朝になるのを待って、シアトルへ電話を入れたのだ。恥を忍んでモンゴメリーを呼び出し、事情を話して頼んだのだった。

「お願いです。大至急、コネを探していただけませんか。もちろんダグラスには内密にです」

モンゴメリーも弱い立場に立たされていたのか、迅速に行動した。海部が想像した以上に大使館側の行動も素早かった。十日もしないうちに東京駐在の米人商務担当者が海部にコンタクトをしてきた。本気度が見て取れた。

余談になるが、日本とは異なりアメリカの在外公館は、自国の民間企業の商売のために積極的に汗を流すのをいとわない。むしろ率先する。このことは海部もある程度、知っていた。しかしこれほどとは思わなかった。時が過ぎた平成の今日でも、麻布にあるアメリカンクラブで米国商工会議所主催のランチミーティングが行われるとき、時々、米国大使が出席してスピーチをする。その際に、

「皆さん、何かビジネスをする上でお困りのことはありませんか」

と、まるで注文取りの商人のように辞を低くして皆にきいている。これが日本の大使なら、「大使館は中立です。一民間企業に肩入れするようなことは致しません」と、木で鼻をくくったように冷たく言い放つところである。我国の官僚との違いは大きいのだ。ようやく最近になり、海外の大型プラント受注において日本政府も協力する動きを見せはじめているが。

成果はすぐに出た。大使館の効果は絶大だ。一ヵ月もしないうちに全日空社内の空気が変わりだした。もともと技術の優秀性はすでに担当技術者たちが知っていたので、上層部からの打診があったのを幸い、すぐさま肯定的な返事を上げている。島田に言わせれば、

「もともと技術的に優れたボーイング機を無視出来なかったのだと思いますよ。下からいい

報告が上がってきたのを幸い、上層部も渡りに船じゃないんですか」

と言うが、そこまで海部には分からない。しかし一ヵ月という短時間を考えると、その可能性はあるかもしれないと思った。

あとは価格だけとなった。だがどうしても競合者よりも高いのだ。海部の予想に反し、頼みのボーイングがなかなか値を下げてくれない。

「いい商品なのにどうして値下げしなくちゃいけないのですか」

と正論を繰り返すばかりだ。ライバル商社はそれを察知して、さらに自分たちの値を下げ、受注を急ごうとする。負の悪循環が始まっていた。

このままでは再び欧州勢かアメリカのダグラスに巻き返されてしまうだろう。何かいい手はないか。価格の高さを補う何かが……。部内会議ではそれがメインテーマになっていた。

その日は朝方は小雨だったのに、急に午後から激しい雨に変わった。雷鳴と窓ガラスを打つ絶え間ない水音が、なおさら皆の神経を落ち着かなくさせている。成果のない走り疲れが誰の顔にも表れていた。しかし電話だけは絶えず鳴り、表面的には活気を保っているが、それを帳消しする以上のけだるい空気も蔓延している。

「島田さん。もう一度、価格表を見せてくれませんか」

海部がのこのこと島田の机までやってきた。何か考えがあるのか、瞳に光が見える。島田は短く返事をし、机の引き出しをあけた。客先に提出している価格表のプロポーザル（応札書）と、自分で作成した見積もり原価書を差し出す。

「これが何か？」

「そう。ひょっとして、ここにヒントがあるんじゃないかと……。でっかいヒントがね」

「ヒント？」

「ああ。スペアパーツさ。この値段を上げたらどうだろう」

機体本体の値段を引き下げ、その分をスペアパーツの値段に上乗せするのだという。そうすればボーイング社のトータルの金額は変わらない。島田の目がぱっと輝いた。

「なるほど。全日空からすれば、機体価格が引き下げられたということになりますね」

「ま、手品だけど、別に客を大きく欺《あざむ》いたわけじゃない。いい製品を売ることには変わりはないわけだから」

「それにしても、すでに技術や範囲の仕様は決まっています。それを固定したまま、値段だけ変えるわけにもいきませんし……」

海部はいたずらっぽそうにウインクした。

「よくやるじゃないですか。仕様書の一部を変更するのです。たとえば規格とか、材質とか、操作性とか……」

「そうすると、多少の値段の変更が生じますな」

「それですよ。少しそれらの仕様をアップグレードすれば、いいんです。よくなるんですからね。誰にも傷はつきません。むしろ善行ですよ」

すぐさまボーイングから技術者を呼び寄せ、客先と打ち合わせをもった。多少時間はかかったが、目論見通り、買い手も売り手も満足する形で契約が調印された。知恵は働かせようである。

難産のすえ、ようやく契約がまとまった。待望のボーイング727機の市場がひらけたのである。海部はひそかに胸をなで下ろした。一点集中攻撃の戦略は正しかったのだ。アメリカ大使館の起用にせよ、スペアパーツの上乗せにせよ、困難に陥った時には海部は必ずどこかから知恵を搾り出す。知恵の泉があるのだろうか。むしろ解決したいと願うその熱情の強さである「意」が、隠れていた知恵という「知」の小箱を発火させるのかもしれない。

信じがたい話だが、このように海部の手にかかると、商売の不可能がたちまち可能となる。島田も海部の部下になってからは、まるで清流に放たれた鮎のように生き返った。以後、海部、島田コンビの航空機ビジネスでの猛進が始まるのである。ちなみにこの年、海部はそれまでの功績が認められ、三十九歳で取締役に大抜擢されている。

こうなるともう流れは止まらない。海部が予言した通りだ。天下の全日空が購入したという宣伝効果は絶大だった。あとは飛ぶ鳥を落とす勢いで次々と商談を成立させていく。翌年の一月には日航にもようやく727を採用させた。続いて737を全日空と南西航空へ二十機、747を日航、全日空へ三十四機と、快進撃が続く。

いつか島田が指摘した通り、全日空も日航もこの時期、ジェット化に踏み切ろうとしていた。読み通りだった。ついていたともいえる。しかし、その時流にうまく乗れたのは決して幸運だけではない。「ベストの商品を」という海部の信念があったればこそ可能であった。

「海部さん。このボーイング機の性能は実に優秀です。世界一の旅客機ですよ」

島田は胸を張って言った。商談を始めた頃の会話だ。

（この男が言うのだから、間違いはない）

技術のことは分からなくても、人間を信じる勇気が海部にはある。その言葉を信じ、自信をもってセールス活動に邁進した。

「いい商品なら必ず売れる。それは顧客のためでもあるのだ」

だからといって、高飛車に出るというのではない。常に誠心誠意、商品説明を尽くし、顧客を納得させる。日本のセールスマンに多い、「どうかこの品物を買って下さい」という揉み手の懇願型ではない。

「この品物は最高です。これを買うことがあなたのためになるのです」

と真正面から説得するのである。いわばアメリカ型のセールス法を航空機ビジネスに導入したのだった。ここでも日本的な常識の逆をいって成功した。ぺこぺこ頭を下げるだけではないのだ。このやり方は以後の軍用機の販売においても貫かれている。

しかし、ただ品物がいいから、というだけで売れるほど市場は甘くない。成功の裏には、情に訴えるという日本的な戦術も功を奏した。

一つのエピソードがある。それまでの日本航空は三井物産が扱うダグラス一色で染まっていた。鉄壁の牙城だ。いくら全日空が買ったからといっても、びくともしない。さすがは天下の日航である。海部の予言が効く様子がない。エベレストは依然として高くそびえている。

「やはり営業活動を中断したのが響いたのかも……」

営業マンたちは総弱気である。だが海部は意気軒昂、且つやる気満々だ。「Why?」と絶えず問いかけ、その答えを一つに絞り込んでいた。これさえ解決すれば日航は落ちると踏んでいた。

その一つとは社長の松尾静磨の存在である。彼の威光があまりにも絶大で、それが受注のネックとなっている。三井物産が松尾静磨の懐深くに入り込み、死守して離さない。しかし考えようによっては、これほどたやすい商いはない、とも思っている。松尾静磨さえ落とせば一気に道がひらけるからだ。方針に迷いはない。

(あとは体力勝負だな)

汗と行動である。海部はここでも最大の武器である「日参」を実行した。半年のあいだほとんど毎日、日航社長室に通い詰めたのだ。そしてとうとう松尾静磨を降参させている。

「いやあ、参りました、海部さん。勘弁して下さいよ。ボーイングも買いますから」

困った言い方とは裏腹に、松尾の顔はむしろ晴れ晴れとしていた。

海部のビジネスのやり方について、世間は揶揄《やゆ》混じりにいろんなことを言う。口八丁手八丁とか権謀術数、早耳、裏切り、非情、ハッタリ屋、傍若無人、政界癒着、猛烈商社マンなど言いたい放題だ。どれもこれも一まとめにして、海部商法という言葉をかぶせた。とりわけグラマン事件が起こってからは、非難と軽蔑を込めてそう叫ぶ。

だが果たしてそれは正しく海部八郎の実像を映し出しているのだろうか。それらの要素をすべて兼ね備えるほどの複雑な人格の持ち主だったのだろうか。

答は否《いな》である。ある部分は正しい。しかし多くの点で、ねつ造した仮面をはめられた。そのねつ造はただ一つ、社内外の嫉妬から発した意図的な策謀の色が濃い。

「海部をたたけ！」

当初は深く静かに潜行していた声だが、やがて大ホールの合唱のように耳をつんざくまでになる。社内のライバルたちや日商の躍進を恐れる同業の商社の思惑が一致したのだった。

海部が昇進するたび、そして受注を重ねるたび、社内の上席幹部や同僚たちは嫉妬《しっと》で狂いそうになった。あまりにも昇進が早すぎるのだ。いくら実績を示すとはいえ、自分たちの忍耐の限度を超えている。彼らは寄るとさわると陰で海部のビジネスのやり方を誹謗中傷した。

「あのえらそうな態度、何様だと思ってるんだ」

「手八丁口八丁。しかも簡単に人を裏切る」

「海部商法だなんて、いい気になりやがって。日商の恥だよ」

そんな声が毎日のように海部らの耳に届く。二人きりのとき、島田は海部によく言った。

「男の嫉妬って、本当に見苦しいですな」

「でもさあ、嫉妬なら、俺だって人に負けませんよ」

嫉妬は人間を奮い立たせる原動力だと海部は言うのだ。しかし島田には鷹揚《おうよう》に構える海部が不満である。

「いや、そうじゃないと思いますね。同じ嫉妬でも大違い。海部さんのはコソコソじゃなく、堂々たる嫉妬ですよ」

「ほう、堂々たる嫉妬ですか」

ともかく海部に対する愚痴は花盛りである。が、あえて西川や海部の前で口にする者はいない。海部の後ろには高畑誠一が控えているのを誰もが知っているからだ。

日商の創業者として高畑はいまだに権勢をふるい、最高の意思決定権を握っている。三井に潰された鈴木商店時代の恨みを片時も忘れたことはない。骨身にしみついている人物だ。

(三井に負けてなるものか。三井、三菱に追いつき、追い越すのだ)

毎朝起きると、高畑は呪文《じゅもん》のように心のなかで唱える。もうクセになっている。そうすることで、ともすると緩みがちになる気持ちにムチを打っているのだろう。

この精神を継いでくれるのは海部八郎しかいない。それは高畑の固い信念だった。そしてその信念の正しさが次々と実証されていく。船舶に次いで航空機でも、やがて日商が天下を取る日が来るだろう。その前途は洋々だ。

(海部をいつか社長にしよう)

高畑は口でこそ本人には告げないが、日商の将来を託すべき人物と心に決めていた。そのためにも機会あるごとに、周囲の不満は覚悟の上で、昇進の梯子《はしご》を猛スピードで上らせてきた。

海部もその雰囲気は感じている。仕事ではしょっちゅう高畑のところへ相談に行くが、そのことが二人の間で話題にのぼったことはない。だが自分を信頼してくれているという思いは常にある。

　社長なんてまだまだ遠い先のことで、そんなことを空想して時間を費やしている暇はない。今はやるべきことが多すぎる。高畑さんがそう思ってくれるだけでも十分だ。海部の心はいやが上にも燃えた。

（高畑さんのためにも頑張らねば……）

　ポストは結果として後でついてくるものだ。昇進のための仕事ではない。純粋に海部はそう思った。

　その考えを傲慢と言われれば仕方がない。だが高畑さんが見てくれている。海部はいっそう日々の仕事に精を出した。

　そんな思いに拍車をかけたのは、いつも目にする幹部たちの日頃の姿勢だ。自己の保身と出世のチャンス探しに汲々としている。仕事に全力で取り組む前に、先ず失敗した時の影響を計算し、逃げる準備をする。頭がよすぎるからなのか。

　そして、他人の成果を横取りすることに目の色を変え、そのくせ夜は一緒に赤提灯へ繰り出して、互いの腹の探り合いに忙しい。そのなかには後に西川の病気で思いがけず社長になった辻良雄や、その後を継いだ植田三男らの顔もあった。

（こんなことでは、追いつき追い越せはとても無理だな）

　彼らへの反発は海部のなかで内向し、それがいっそう仕事へとのめり込ませることとなる。

前後するが、ここで海部の私事について少し触れねばならない。仕事への異常なほどののめり込みには或る別の理由があった。以前、彼が大阪で副部長をしていた時のことだ。自宅は神戸にあったのだが、アルゼンチンへ出張しているあいだに五歳になる次男を交通事故で亡くしている。

それを国際電話で知ったとき海部は一瞬、目の前が真っ暗になり、続いて頭が空白になった。電話口で「何を……」と叫んだ声は途切れ、喉の奥でつぶれた。顔面が苦悶でゆがんだ。無念と悔しさで胸が張り裂けそうだった。

逆縁という言葉がある。子が先に逝くことだ。親としてこれほど深い悲しみはない。自分に責任はないのだが、

―あのとき出張さえしていなければ息子は死ななくてすんだのだ。

との思いはいつまでも消えない。以後も自分を責める気持ちで激しく胸を揺さぶられた。一時は悲しみで打ちひしがれ、何をやっても空しく、とても立ち直れないと思った。いっそのこと会社を辞めて大学へ戻ってみたらどうだろう。教員にでもなって、六甲の麓でひっそりと暮らしてみたらどうなのか。そんな後ろ向きの思いに胸をふさがれた。が必死の力をふりしぼり、気持ちを切り替えた。そのはけ口を仕事に求めることで紛らしたのだった。苦しい気持ちをこれまで以上に仕事にぶつけ、忘れようとした。しかし忘れようとすればするほど、苦しみの方もそれについてくる。

（負けてなるものか）

それは実は三井、三菱への対抗心だけではない。むしろ自分に向けられた叫びなのである。ともすれば弱気になりがちな、自分自身を鞭打つための悲痛な叫びであり、励ましでもあった。そしてその思いは今でも心の根底にどっしりと沈んでいるのを海部は知っている。だがその心情をたとえ妻といえども、人に語ったことはない。語れば自分のなかの張り詰めていたものが、一気に崩れ落ちそうな危うさを感じるのだ。

ただ島田には気づかれているのではないかと、どうもそんな気がしている。息子の死からもう五、六年たった頃だった。ヨーロッパへ一緒に出張し、ホテルのラウンジで深夜まで酒を酌み交わしていた時のことだ。会話の弾みで、ポケットからメモをテーブルの上に取り出そうとしたとき、その拍子に忍ばせていた息子の写真も飛び出した。

一瞬、島田は無言の視線をその上に突き刺した。目がこわばっていた。何か見てはいけないものを見てしまったように、そっと視線をそらすと、手にした酒のグラスを口に近づけた。そして今しがた見せたかすかな狼狽を隠した。海部も気づかなかったふりをして写真をポケットにしまい、何気ないふうにメモを広げて話を戻したのだった。島田の思いやりを宿した真心が、心のひだに寄り添うように伝わってきた。心のなかで黙って感謝の手を合わせた。年月は過ぎたが、それ以後も、息子の話題が島田の口から出たことはないし、海部の方からも触れていない。

次男の死は海部の人生観を大きく変えた。人生とは或る意味で悲しみを背負った旅だ、と思うようになった。その旅のなかでどれだけ喜びを見つけ、前向きに生きるかだ。次男の死に遭遇した当座は自分を見失いかけたが、今はそれなりに回復している。その旅が長いのか短いのか、それは分からない。ただ、旅の終わりが来るまでは精いっぱい生きねばならない。そう考えるのだ。

そして生きるイコール、ひたすら働くことなのである。奢侈《しゃし》にも興味がない。次男のいない世界での贅沢に心が踊らないのだ。奢侈よりも勤勉を選ぶことで次男に許してもらえると、自分なりに思い込んでいる。だから国内であろうと海外であろうと、どこへ行く時でもいつも次男の写真をポケットに忍ばせているのだった。このことは妻の良子だけしか知らない。

「あなたって、仕事の権化《ごんげ》ね」

時々、そう良子に冷やかされることがある。確かに海部は権化である。同時に愛妻家なのである。酒にも女にも走らない。とりわけ女にはストイックなほど潔癖だ。ただ四六時中、頭のなかにあるのは会社を大きくすることだけだった。

性への欲望がないわけではない。正常な男子である。誘惑も多い。数え上げればきりがない。だが次男の死をふっと思うとき、たちまちそんな邪念は追い払われ、妻への真っ直ぐな心を再認識するのである。次男はいつも心のなかで生きている。自分の仕事ぶりを見守ってくれている。そんな心中について、海部は決して人に語ることはない。むしろ黙っていることが次男に対する真心の証明だと、勝手な理屈をつくって納得している。

「口も八丁、手も八丁」

と人は揶揄するけれど、海部の仕事ぶりを見る限り、それは当たらない。口の代わりに、海部は徹底的に商品説明にこだわった。そして手の代わりに、足を運び、真心を伝えた。トップ自らが火の玉となって突撃するのが海部八郎の真骨頂なのである。

それを海部商法と呼ぶのもいい。だが常に商人の精神を忘れていない。高畑誠一からたたき込まれた商人道を、体を張って実践したのだった。

ただ海部には狭量なところがある。それは部下に対する厳しさだ。懸命に努力し成果を出す部下は徹底的に信頼し任せるが、そうでない、無能な要領だけで渡り歩く者には容赦なく叱責する。人前でも感情を露《あらわ》にして怒鳴ることがたびたびあった。

自分に課した厳しさと同じものを部下に求めたのだから、それを非情というならそうなのだろう。そこに海部の純粋さと紙一重の融通のなさがみてとれる。その融通のなさは、たぶん会社発展への焦りからきているのかもしれない。だが一つはっきりしていることがある。それは叱ったあと、決して尾を引かないということだ。からりとそのことを忘れ、次回には白紙で接するという懐の深さをもっていた。それも自然のうちにである。

しかし部下の面前で罵倒《ばとう》され、屈辱を浴びせられた当の管理職たちはどう感じたか。いくら海部が「からりと忘れた」といっても、決して許さなかった。全員がそうだと言うつもりはないが、人間の自然の感情として、人前で罵倒されることほど恨みに思うものはない。決して忘れない。リーダーとしての海部に欠けたのは、この点の配慮であろう。

さて、日商社内の海部への不満は、同業他社にとってはまさに好都合だった。便乗しない手はない。この何年間か、ともかく海部一人に引きずり回されている。船舶といい、今度は航空機で、こんなに好き勝手にやられたのではたまらない。目の上の大きなたんこぶなのだ。

彼らは日商から情報が漏れ出るのを幸い、ことさらそれを針小棒大にふくらませて世間やマスコミに吹聴した。とりわけグラマン事件が噴出したときには小躍りしたという。

海部は仕事の出来る人間を重用《ちょうよう》した。船舶、航空機、そして後には機械、プラント、車両、石油、不動産と管掌を広げていくのだが、実績を示す人材はおのずと海部の目にとまる。信頼され、権限を委譲された部下はいっそうやる気になり、実績を上げる。いい方向への拡大循環だ。そういう人材が海部のまわりにいやが上にも目立つようになった。

周囲はそれを海部軍団と、非難とやっかみを込めて呼んだ。周囲といっても、最初の頃は社内ではなく、社外のマスコミや同業他社が意識的に騒いだ。むしろマスコミがつくった造語の観があった。それがいつしか社内にも伝播した。

「どうにか出来ないのかね、あの海部軍団。増長するのもいい加減にしてほしいよ」

「まったくだ。それにあのパイプ野郎たち。実にめざわりだよな」

実力もないのに、パイプ好きの海部を真似て自分もそれをくゆらせ、我こそが海部軍団だと演技する者もあちこちの部署に現れたのだ。

だが当の海部はそんなことを一向に気にしていない。たまたま出来る人材が自分のまわりに集まっているだけなのだ。軍団と呼ばれようと何と呼ばれようと、会社を成長させることが出来ればそれでいい。

「海部さん。あんた、軍団長と言われているそうですよ」

酒が入ると、島田は時々、海部をからかう。

「ハハハ。いいじゃない、島田さん。放っておきましょう」

海部は取り合わない。これまで自分では軍団を編成したり、その長になった記憶も意識もまるでない。むしろそう呼ばれることを褒め言葉だくらいに受け流している。

或るとき海外出張で買ってきた剥製《はくせい》のトラの頭を、秘書に命じて自分の役員室の壁に飾りつけた。また或るとき、イギリスの下町で買った海賊の髑髏《どくろ》マークがついたワッペンを部屋の入口にはりつけた。これも海部の愛嬌なのだ。年齢に似ず、人を驚かせたいという子供っぽいひょうきんさを備えたところがあった。この髑髏マークについて、海部は大熊房太郎（友人の医事評論家）にこう語っている。

「これはね。骨になるという意味だよ。俺たちはハムレットじゃない。実績が問題なんだ。誰に何と言われようと、俺たちが骨になるくらいまで働いて働いて働かなければならないんだ。実績をつくらなければならないんだ」

しかしこの髑髏マークは誤解を生む。社外の人間が見たら、これこそ海部軍団のシンボルだと勘違いしかねない。そのことを大熊に注意され、ハッハッハと笑いながら、それならばと、次は「ポパイ」のマークに変えた。

軍団とはいうものの、実際に名をあげてみると、意外に少ないことが分かる。島田三敬以外に、後年、機械統括室長をつとめた高橋勇蔵や元機械本部副本部長の塩田淑人、建設部門を担当した中谷直喜、ロンドン支店にいた加藤庄六など、数えるほどだ。

本気で海部に軍団を編成する意思などはなかったのである。もしあったのなら、グラマン事件が発覚した時に、海部を支持した役員がもっといてもおかしくはない。あまりにも少なすぎた。

自殺した島田を除き、三十五名もの取締役のうち、当初、はっきり海部派と思われたのは常務の黒田保と船舶時代から海部にずっと仕えてきた平取締役の長沢健夫、そして河原進二の三人くらいなのだ。あとは反海部派と、日和見《ひよりみ》的立場をよそおった中間派である。しかしその中間派も、時を置かずして全員が辻会長と植田社長を支持するグループに加わったのだった。

ここに海部の油断と甘さがあった。代表取締役副社長の海部が、全盛時代、その実績を御《み》旗《はた》に掲げれば、息のかかった役員を作り出すくらい何の造作もなかったはずだ。それを海部はまったくやらなかった。怠った。派閥とか抗争とかの内向きのことにはとことん興味がなかったのである。

この点、組織の頂点を目指す者としては取り返しのつかない失態であった。人間集団の長として、人心を掌握するという基本中の基本を怠っていたからだ。

掌握の方法はいろいろあろう。善悪は別として、人格的に傾倒させる方法もあれば、昇進で釣る方法もある。古今東西の歴史のなかで、これを怠って成功したリーダーはいない。閥《ばっ》といえば聞こえは悪いが、少なくとも自分を支える仲間をそこそこ養成しておくべきだった。

この辺の狡猾《こうかつ》さが海部には欠けていた。あまりにも純粋すぎたといえよう。府立七中時代のお人良しな性格をいまだに引きずっていた。

それに引き換え、辻良雄や植田三男らは生きる知恵にたけていた。鍛錬された、世慣れた大人なのか。仕事よりもむしろ閥の形成という内向きの方にエネルギーを注いだ。仕事よりも権力の行使の方に関心が強かった。典型的な官僚型サラリーマンなのだ。

海部が実績を積み、どんどん力をつけるにつれ、ますますその傾向に拍車がかかる。海部の存在が恐くて仕方がない。高畑がいぜんとして健在なのも不気味である。いつ海部が社長に躍り出るかもしれず、気の休まる時はなかった。それは後に辻が会長になり、植田が社長になってからさえも続いたのである。

海部は閥を作らなかったが、何人か腹心はいた。しかしその腹心は仕事を成功させるための実務で結ばれた純粋な関係である。一緒に酒を飲むことはあっても、あくまでも仕事中心なのだ。権威をえさにした取り巻き部隊の構築とは無縁であった。むしろそういうことに精を出す辻や植田らを軽蔑さえしていた。

(高畑さんは何もかも分かってくれている)

いつも高畑が顔を出すが、それを励みにしていたところがある。これも海部の脇の甘さを示す好例だろう。

高畑といえども加齢とともに徐々に力をなくし、そこへ辻らグループの周到なブロックもあって、思うように進まないことも多くなっている。ところが海部の頭には昔の高畑の強烈なイメージが刻印されていて、まるでお天道様《てんとうさま》のように格上げしてしまっていた。

6　ＦＸ商戦に勝て

ボーイング機の売り込みで大成功をおさめつつあった海部は、さらなる飛躍作戦にとりかかった。

「さあ、いよいよ航空機ビジネスの本丸だ。軍用機に乗り出すぞ」

ある日、海部は島田らを前にそう宣言した。昭和四十三年（一九六八）から始まる第二次ＦＸ商戦に今の早い段階から備えようというのだ。

すでに人材は揃えている。防衛庁からは元空将補の升本清を迎えて情報収集に万全を期しているし、社内には島田に加え、飛行機の専門家、山岡昭一や今村雄二郎が控えている。

山岡は陸士五十九期、航空士官学校を出て、その後大阪商大（現大阪市立大学）を卒業したという航空機の実務家だ。今村も慶応大学工学部とケンタッキー大学を卒業した英語の堪能な技術屋である。

軍用機受注は至難の業《わざ》だ。性能はもとより、駆け引き、根気、政治力等、組織の総力戦である。それは海部も重々承知している。民間会社向けの競争とは比べものにならない。ともかく受注金額が巨額なのだ。受注競争は苛烈を極めていた。

それより十年ほど話はさかのぼるが、昭和三十三年の次期主力戦闘機（第一次ＦＸ）商戦の戦いは、当時、門外漢だった海部でさえも生々しい記憶が残っている。

ロッキードF104をかつぐ丸紅やノースアメリカンF100などの数機種が争ったが、激しい戦いの後、ほぼF104に絞られた。ところがこれで決まりかと思われたとき、グラマンF11Fの伊藤忠がかなり遅れて参入してきた。そして二転三転四転したのち、結局、丸紅のロッキードF104に決定された。この間、多くの政治家が登場し、そのたびにいったん決まった機種が白紙に戻るなどの逆転につぐ逆転だった。

現金も相当乱れ飛んだという。裏金を渡すというのは表向きには御法度だが、実際には日常茶飯事に行われていた。逆にそれをしなければはなからスタート台に立てないことを意味する。

それはFX商戦に限らない。軍用と名のつくものは、機体であろうと電子機器であろうとミサイルであろうと、商い道一筋ではいかないところがある。海部は今、軍用機に参入するにあたり、改めて政治家の力を認識せざるを得ないのだった。そのことは高畑からもくどいほど聞かされている。

「いい商品は必ず売れる」

この信念は今も変わっていない。だが自衛隊の軍用機ともなると、そうは言い切れないのだ。もう一つの決定的な要素、政治家の存在がある。最後の最後は機種の優秀性で決まるのだろうが、そこまで導いていく過程で政治家らが潤滑油の役割を果たすのは間違いない。これには島田も同意見である。

「それにしても伊藤忠の瀬島龍三、なかなかのくせ者ですな」

「相手にとって不足なし、ってとこかな」

島田の手前、強がってはみたが、海部に自信があるわけではない。なにしろ瀬島龍三がFX商戦で見せた辣腕《らつわん》ぶりには舌を巻く。

瀬島は対防衛庁の元空幕長上田康弘を自社の顧問に迎え、内局、制服組ともに押さえてみせた。一方、政治家についても、自ら汗を流し、彼らの懐深くに食い込んだ。当時の首相岸信介を始め、佐藤栄作大蔵大臣、川島正次郎自民党幹事長らに強力な政治工作を行ったのである。児玉誉士夫や辻政信といったフィクサーたちとの交際についても述べるまでもない。

一九一一年生まれの瀬島は、陸軍士官学校を二番、陸軍大学を首席で卒業し、第二次世界大戦に従軍した。大本営参謀、関東軍参謀、戦後の十一年にわたるシベリア抑留等を経て、伊藤忠に入社した。そして瀬島機関とよばれる直属部下たちを率いて辣腕を振るったのである。後に山崎豊子の小説「不毛地帯」の主人公壱岐正中佐のモデルともいわれた。対役である鮫島辰三は海部八郎を想わせる。

この「不毛地帯」は昭和四十八年から五年間にわたってサンデー毎日に連載されたのだが、執筆にあたって海部は作者の山崎豊子からインタビュー依頼を受けている。しかし瀬島龍三が主人公だと知り、丁重に断ったといういきさつがあった。恐らく海部は自分が悪者に仕立て上げられるかもしれないという予感があったのか、それとも脇役ということでカチンときたのか、今となっては分からない。

さて瀬島が率いる伊藤忠は結局、自民党総務会長の河野一郎をかついだ丸紅に敗れたのだが、次の第二次ＦＸ商戦では伊藤忠が最強の敵になるのは間違いないだろうと、海部は睨んでいる。それほど瀬島は老獪《ろうかい》なのだ。

それは政治力に限ったことではない。意外なことで高畑からも注意を喚起されている。

「さすが瀬島さんですわ。あのマスコミ対策には、本当に頭が下がりますな」

海部にも見習うようにとの、婉曲的な忠告である。確かに自分はその努力に欠けている。いや、能力に欠けているというべきか、海部も率直にそれは認めざるを得ない。自分がジャーナリスト嫌いなのはたぶん心の底に瀬島への反発があるのかもしれない。瀬島がそうなら自分は逆の道を行く。そんな天邪鬼《あまのじゃく》な性質がつい頭をもたげてくるのだろう。困ったことだが仕方がないと、この点の努力をあっさりと放棄してしまっている。

しかしこのマスコミへの対応が以後の瀬島と海部の明暗を分けたと言っても大げさではない。グラマン事件のときにマスコミが見せた海部バッシングは、燃えさかる火の手を超える凄まじさがあった。海部のぬかりであった。あれほどのビジネス戦略の先見性と実行力を備えていた海部が、今日でいう広報の重要性にまったく気づいていなかったのである。

「おそらく、あの人の人格かもしれませんね」

それは海部の本音であった。瀬島ほどこまめに新聞記者や放送関係者とつき合う財界人は珍しい。しかもトップから中堅、新米記者と、多岐にわたる。マスコミ界へのコネの広さはとても自分の比ではない。

「それどころか、記者のインタビューを逆に利用するって評判だからねえ」

と、高畑は続ける。記者の面前で彼らの五感に自分の人格のすべてを訴え、共感を得るばかりか、挙げ句にはこちらの側に取り込んでしまうというのだ。つまり情報提供者にまで仕立ててしまうのである。それほどまで人心掌握にたけていた。

その典型例と思われる事件が実際に後日、起こっている。昭和四十三年に防衛庁の三次防地上通信計画に関する機密書類が、新聞記者を通じて伊藤忠に流れたのだ。それに関連して防衛部防衛課長の川崎健吉一佐が逮捕され、その三日後に空幕の高官が怪死した。防衛部長だった山口二三空将補が謎の自殺をとげたのである。謎というのは他殺ではないかという疑いも警察では消せなかったからだ。

一方、仕事はというと、伊藤忠はＦＸ商戦の時とは一転して、今度は敵であった河野一郎と組んでいた。瀬島の変わり身は早い。そして記者から入手した書類のおかげなのかどうか、かついでいたヒューズ社製のバッジシステム（自動防空警戒管制装置）の売り込みに成功している。日商がかついだリットン社製は完敗したのだった。

ところがおかしなことに、当時の地検特捜部の動きは実に鈍かった。ついに一連の怪死事件の全貌を明るみに出すことはなかったのである。政治的な圧力に加え、瀬島をかばう新聞社の固い壁が後ろに立ちはだかっていたと、巷《ちまた》では囁かれた。

その頃、マスコミでは「商社の猛烈三羽ガラス」という言葉が踊っていた。当の瀬島龍三と丸紅の伊藤宏、そして日商の海部八郎だ。三者の張り合いはそれほどすさまじかったのである。共に「ヒコーキ屋」という点で共通しているのは興味深い。

しかしその後、この三羽ガラスは明と暗の異なった運命をたどることになる。伊藤はロッキード事件の首謀者ということで脱落し、海部もグラマン事件で日商を去った。一人、瀬島だけが無傷で生き残り、伊藤忠の会長にまで上りつめた。そして昭和五十六年に行政管理庁長官の中曽根康弘から臨時行政調査会の委員を委嘱されている。


さて、第二次FX商戦を前にして、海部は本気で政界人脈の形成にとりかかった。これについては高畑が全面的に協力している。というより、高畑の人脈をそっくり海部に引き継いだ。それは松野頼三であり、岸信介、池田勇人であった。

とりわけ松野家とのつき合いは鈴木商店時代にまでさかのぼる。鈴木商店が倒産して、高畑は日商を創立するのだが、そのときバラバラになった旧鈴木商店系の会社のなかに「再製樟脳」があった。高畑は早速、この再製樟脳を買い戻し、その経営を松野頼三の父、鶴平に頼んだのである。

歳月が過ぎた。当然のことながら、会長だった高畑はじきじき海部を松野頼三に紹介している。そのとき高畑は、

「次期社長候補の海部八郎でございます」

と、わざわざ社長候補という形で紹介した。

「松野先生をお育てするお金は今後、海部に持たせます」

とも言い、事実、それ以後、海部と島田が交互に十数回にわたって現金を届けたという。そのことを後年、松野は熊本日日新聞で語っている。

「（あれは）高畑の個人献金と思っていた。（私とは）京都市の高畑の自宅まで訪ねる仲だったからね。個人献金は当時の政治資金規正法では青天井だ。だから違法じゃないよ」

やがて海部は岸事務所にも出入りするようになり、佐藤栄作や田中六助らとも親密になる。こうして岸―佐藤―松野の強力な応援団が完成するのである。それでも海部はまだ瀬島龍三の伊藤忠や伊藤宏の丸紅を恐れる気持ちから解放されなかった。

河野一郎は早々と伊藤忠側につき、昨日の敵は今日の友、というように、政治家たちも利権の立場の違いでめまぐるしく変わった。ライバルたちの動きも刻一刻、海部の耳に入り、いよいよ第二次ＦＸ商戦は大詰めに向かうのである。

政界工作の開始と前後して、海部は担ぐべき軍用機の機種選択を行っている。先ず元空将補の升本清に、ユーザーである自衛隊が求めている軍用機の性能を調べさせた。どういう飛行機を求めているのか、ユーザーニーズの収集だ。

それが入手出来たところで、今度はそのニーズを分析し、それに合った最高級の軍用機を選ぶ作業にとりかかった。島田三敬をリーダーに、山岡昭一や今村雄二郎らも加わって、世界行脚《あんぎゃ》をした。その結果、第二次ＦＸではマクダネル・ダグラス社のＦ４Ｅファントムが最適だと判断する。そこからが海部の出番だ。自らがマクダネル・ダグラス社を何度も訪れた。代理店契約の交渉である。

「いい商品なら必ず売れる」

その信念が相手を説得するのにそんなに時間はかからなかった。かくて日商はF４Eで戦うことが決まったのである。昭和三十八年（一九六三）のことだった。

この海部のビジネス・アプローチの仕方は、当時の常識からは意表をつくものだった。他の商社はみな航空機メーカーと、いろんな機種を一括した代理店契約を結び、そのなかから日本向きの軍用機をその都度、選んで売り込みを図るのだ。機種より前にメーカーありきの構図だった。

ところが海部はその逆をいった。先ず顧客ニーズに合ったベストな軍用機の機種を選び出し、その上で当該機を対象にしたメーカーと代理店契約を結ぶのである。いろんな機種の一括契約ではない。いわば一本釣りである。

船舶の時もそうだったが、海部はいざという時はいつも意表をついた行動に出ている。しかも信念を持って、強い意思でそれを貫いた。中途半端な妥協はしない。それが大きな成功をもたらしたのであるが、一方では外部からは「強引な海部商法」と、さげすみの目で見られることにもなった。常識に逆らった行動には、世間やマスコミは不安を抱き、或いは嫉妬を感じるもののようである。

競合機種はついに出揃った。伊藤忠はいつもの河野一郎を担いでノースロップ社のF５、丸紅はロッキード社のCL１０１０、日商はダグラスのF４Eで戦いが始まった。

激しい攻防の後、先ず丸紅が脱落し、伊藤忠と日商が残って一騎打ちとなる。伊藤忠の瀬島は防衛庁生え抜きの官僚、海原治官房長を味方につけ、その海原人脈といわれる浦茂空幕長をも巻き込んで、Ｆ５の支持者を着々と広げていく。

海部も負けていない。素早く空幕の人事異動に目をつけた。伊藤忠派の浦茂空幕長が異動するのを事前に察知し、その後任として、自分たちのＦ４Ｅに理解を示す牟田弘国空将を強力に推したのだ。推したといっても、一民間企業が防衛庁人事に口出しすることは許されるものではない。そこで島田ら技術陣を総動員し、Ｆ４Ｅの技術の優秀性を以前にも増して懸命に当の牟田弘国に説いたのである。

そんな姿勢を岸事務所は敏感に読み解いた。海部ともひそかに連携していたかもしれない。岸―佐藤―松野の強力なラインが陰で動いたのだ。あの手この手で空幕人事に影響力を行使した。当事者たちはそれを一様に否定しているが、当時の状況証拠から十分に推測がつく。

海部が岸事務所の秘書中村長芳に宛てた昭和四十二年一月十七日付の書簡がある。それにはこう書かれていた。

「牟田空将が空幕長に座ったのは先生や松野先生の多大な御努力によるもので、この人事は次期戦闘機の決定に結びつけるものだと確信いたしております」

牟田空幕長の誕生は、日商にとってはこの上ない吉報だが、伊藤忠には大きな打撃であった。河野一郎はすでに他界していたものの、ここでもまたそれなりに伊藤忠は政治力の限りを尽くした。何度も牟田の更迭を図るのだが、どうしても成功しない。伊藤忠派である浦茂系の田中耕二空将を後任に持ってきたいのだ。

だが岸の力が勝った。牟田が統合幕僚会議議長に昇進するのに加え、その後任には同じく牟田系の日商が推す大室孟が就任したのである。人事は日商の勝ちとなる。

しかし海部と島田にはある意味で冷めたところがあった。それは技術に対する信頼、と言い換えることも出来る。

「でも島田さん。何だかんだあっても、結局はベストの飛行機に決まらざるを得ないと思うんですよ」

島田は海部の目を強く見返しながら、うなずいた。

「先生方の存在は必要ですし、またそれだけの働きもしてくれています。しかし最後の決定打ではありませんね」

「今回、岸先生らも私たちのF４Eの優秀性をよくご存じなのでしょう。そうでなければ、ここまで肩入れしてくれたかどうか……」

そこには最高の機種を選んだ自分たちの眼力に、満足している様子があふれていた。

「しかしまだ決まったわけじゃない。瀬島という男、何を仕掛けてくるか分かりません。用心するに越したことはないでしょう。明日にでも、また先生方に例のおやつを届けてくれませんか」

そう言って、海部は引き締めた。

この時点で、裏金を渡すことに海部がどれだけ罪の意識を持っていたのか。それは甚だ疑問だ。後ろめたさや抵抗感はあっただろうが、この行為の積み重ねが後々の失脚に至ることなど、知るよしもない。

よく島田に吐露したものだ。

「できればこんな金配りなど、やりたかあないさ。でも、やらなければ、試合に出させてもらえない世の中なんだよね」

「皆がやっている時に、まさか自分だけがやらないって言えないでしょう」

「まあ、そういうことだね。会社のためを思えば仕方がないか……」

「あ、それから例の小遣いですけど。きのうパリのお姉さんにお届けしました」

「ああ、宝塚のね」

松野と同じ熊本出身で、二人が親密な間柄だという噂が絶えない。彼女がパリにいるあいだ、時々、小銭を渡してほしいと松野から頼まれているのだ。日商パリの現地法人社長は腹を割って話せる人物で、彼を通じ、部下である若い駐在員にその都度、現金を運ばせている。

「駐在員の若い男も、美人に会えるからって、楽しみにしているそうですよ」

と島田も軽く流す。

ところで話は少しそれるが、水清ければ魚住まず、という諺がある。古くから日本ではクリーンなビジネスで通すよりも、清濁併せ呑むことが美徳のようにみなされてきた。その方が人物が大きいとでもいうのか、西洋の国から見れば理解できないような商慣習が支配してきたのである。

海部が活躍していたこの時代、その伝統に異を唱えるのは自殺行為に等しかった。誰もが伝統の流れのなかでビジネスに従事した。

　裏金だけではない。例えば談合。今でこそ刑事事件として摘発されるようになったが、当時は堂々と世間でまかり通っていた。独禁法そのものは存在したけれど、罰則はないに等しいほど緩やかで、適用されることもほとんどない。世論もマスコミも黙認している。公共事業はすべてといっていいくらい、談合で受注者が決められた。時には施主の官公庁自らが「天の声」と称し、独断で業者を決める。

　それは国内だけに限らない。輸出案件でさえ談合で決まった。例えば日本政府が借款を与える公共ダムや橋梁の建設がそうだ。興味のある業者が一同に集まって、日本からの応札社の絞り込みをするのである。チャンピオンと呼ばれる一社が本命として選ばれる。

　問題はその集まる場所だ。港区芝公園に日本機械輸出組合という経産省（当時の通産省）の外郭団体がある。そこの一室に何十もの会社が集まって、組合事務局指導のもとに白昼、堂々と話し合われたのである。議長は事務局の上級職員がつとめた。

　あるとき、韓国国会議事堂の鉄骨輸出の案件が出た。ある業者がチャンピオンに選ばれたのだが、某重工業が自社の鉄構工場の稼働率を上げるため、どうしても受注したいと考えている。その重工業はダミー協力者として高値で応札参加することになっていた。受注してはいけないのだ。

　ところがいざフタを開けてみると、その某重工業が最安値になっている。談合破りをしたのだった。さあ、後が大変である。受注はしたものの、輸出組合の部屋で皆による某重工業のつるし上げが始まった。結局、謝罪文を書かされ、罰金を支払わされ、挙げ句には上席役員が直々、各社へ謝りに行かされてようやく決着がついた。

もちろん今はそんなことは輸出組合では行われていない。過去の話である。しかし以前は談合が当たり前だったという風潮を如実に現している事例といえよう。

もう一つの例が総会屋だ。昨今、企業経営者のモラルが厳しく問われる時代になり、総会屋との関わりは固く禁じられている。

だが当時はかなりおおらかだった。ほとんどの大企業は何らかの形で付き合いを持っていた。そんな行為が大目に認められた時代なのである。それは昭和三十四年に直木賞を受賞した城山三郎の「総会屋錦城」がベストセラーになったことからも分かる。

また故中山伊知郎（一橋大学名誉教授、中央労働委員会会長）が昭和四十年に「日本の近代化」という新書を出して、世の注目を浴びた。日本の工業化と西欧化という課題を説き、早く西欧に追いつく必要性を訴えた。

海部八郎が生きたのはそういう時代であった。ビジネスが急拡大するなかで、まさに経営の近代化が始まろうとしている曲がり角の時代であった。

「追いつき、追い越せ」

その命題に懸命に取り組み、海部は会社発展を目指して愚直なまでにサラリーマン人生を突っ走ってきた。そして意図通り会社発展に貢献するかたわら、やむなくその過程でアンモラルなこともした。いわゆるダーティーと呼ばれる行為である。

「だから海部八郎は罪人だ。怪しからん。追い出せ」

後に大合唱が日本中に響き渡り、会社を追われることになるのだが、当時の海部はそんなことが後年、起こるとは夢にも思っていない。ただひたすら目の前の受注戦争に勝ち抜き、会社を大きくすることだけしか頭になかったのである。

それはさておき、第二次ＦＸは大激戦のすえ、ようやくのことで日商が担ぐダグラス社のＦ４Ｅ（厳密にはＦ４ＥＪ）に決まった。海部の完勝である。

こうなると日商の勢いはもうとまらない。そこから軍用機での連戦連勝が始まった。第三次ＦＸでもダグラス社のＦ15イーグルを売り込み、同じくダグラス社の偵察機ＲＦ４Ｅ、そして後にグラマン事件を引き起こすグラマン社の早期警戒機Ｅ２Ｃホークアイと、次々と成功をおさめる。まさに日商の一人勝ちが続くのである。

やがてＥ２Ｃ、Ｆ15が出揃う昭和六十年頃になると、航空自衛隊の主力機のほとんどが日商を経たもので占められることになる。もちろん民間機でも手を抜いていない。エアバスＢ７４７ＳＲを日航に売り込むなど、空のビジネスでは破竹の勢いだ。

「日商の海部八郎はとうとう空も制したか」

危機感を露にしたそんな囁きが、他の商社首脳間で交わされた。船舶に次いで航空機でも覇権を握られたのである。後から振り返ると、この頃が海部の絶頂期であった。

ちなみに海部の昇進歴をみると、昭和三十八年に三十九歳で取締役になったあと、四十一年に常務、四十五年に専務、そして四年後の四十九年、五十歳で副社長にまでのぼっている。

7 思惑

高畑誠一は読んでいた決裁書を机の上に置くと、窓の外へ目を移した。大きな紅色の夕日がビルの向こうに半分、沈みかけている。美しい眺めだ。暫く見とれていたが、それでもまだすっきりしない気持ちが晴れることはない。

（さて、どうしたものか）

海部のことである。彼が次々ともたらす実績の大きさは、今や明白だ。好き嫌いは別として、誰もが認めざるを得ない。高畑はそんな海部が可愛くて仕方がない。自分の目の黒いうちに早く社長にしたいと、そのことばかりを考えている。それが会社のためになると信じて疑わない。

だが如何せん、まだ若い。力はあっても、世間から見た年齢というものがある。

それに引き換え、社内にはろくに仕事も出来ないのに、地位だけを求める役員たちが多すぎる。公と私のうち、私の欲望ばかりが強い。弁はたっても仕事の行動で示さないのは寂しい限りだ。というより、恐らく示したくても示せないのだろう。

このところとみに金子直吉の言葉が高畑の頭をよぎる。

「人は死んでも事業は残る」

脳裏に深く刻み込まれて久しい。

人間の命は有限だ。自分も平均寿命からみて、あとそう長くはなかろう。体の衰えは意思でどうにかなるというものでもない。金子さんの志を実現するためにも、早く海部に権限を与えたい。

この手で日商を興してから、もうかれこれ四十年になる。早いものだ。組織はずいぶんと大きくなったが、まだまだ先は遠い。心のなかで交わした金子さんとの約束を、自分の目で見届けることはたぶん出来ないだろう。だがその担い手を選ぶことは出来る。それをするのは自分に課せられた最後の責務である。

今の西川政一には、いつまで社長をやらせるか。目下、懸案の岩井産業との合併は彼の手で果たしてもらうとして、そのあとどれくらい続けさせるかだ。海部とはまあそりが合っているようだし、もう暫く様子をみるのが無難かもしれない。時々、高畑は相談役室の窓からぼんやり外の景色を眺めながら、そう独りごつのだった。

ところが海部に面と向かってそのことを一度も口にしたことはない。事前の飾った言葉ではなく、実際に社長になったときに話せばいいと考えている。

この点が一般の権力者と高畑との決定的に異なるところだろう。普通は引退後でも自分の力を温存するために、前もって後継の社長や会長にそれとなく恩着せがましい台詞を投げかけておくものだ。

しかし、高畑は違う。彼には創業者としての誇りと、そして私利を追わないという信念の支えがある。正しいと信じることに迷いはない。多少の焦りはあるけれど、近いうちの海部社長誕生を夢み、気持ちをなだめるのだった。

言葉は少なめだけど、高畑にはこれに限らず、何事にも常に堂々と対峙する威風がみられた。しかし反面、この言葉足らずは時として誤解を招くこともあった。

西川の仕事ぶりについては、高畑は不満を感じていない。むしろ全幅の信頼を置いている。頭も切れ、人格円満で常に温顔を絶やさず、裏表のない真面目な頑張り屋である。鈴木商店時代を支えた支配人、西川文蔵の養子となり、その次女明子と結婚している。誠実が歩いているふうなその風貌は高畑のみならず、周囲に自然のうちに安心感と信頼感を与えた。

だがその几帳面さはしだいに健康を蝕《むしば》むこととなる。その頃、鉄鋼商社の大手、岩井産業との合併交渉は最終局面を迎えていた。西川は睡眠時間を削り、連日、夜遅くまで会社に張りついた。

ある日、高畑が部屋で朝刊を読みながらお茶をすすっていると、西川がドアをノックして入ってきた。目の回りには疲れを滲ませた隈が出来、そのため黒目の光が弱々しく見える。高畑は気にはなったが、なぜか口にしなかった。

「昨夜、やっと役員の人事案がまとまりました。これでいいでしょうか」

西川はそう言って、組織図の書かれた大きな用紙を目の前に広げた。楷書で書かれた端正な文字に、西川の几帳面な性格があらわれている。

高畑は「ああ、ご苦労さま」と言い、感情を消した目で文字を追う。新会社の日商岩井会長には岩井側の岩井秀夫が、そして社長には日商の西川政一がなり、上級役員もほぼ同割合に近いバランス人事になっている。海部はと見ると、九名の常務のなかに、後年、社長となる植田三男の名前と並んで入っている。

「まあ、いい線と違いますか」

高畑にも異存はない。西川はほっとしたような表情になり、久し振りに笑みを浮かべた。

「相談役もお気づきのように、いずれは日商側が覇権を握ります。今回はいわば岩井の救済合併ですからね」

そして昭和四十三年十月、新生日商岩井が誕生したのだが、ほどなくして思わぬ事態が起こる。策を弄するまでもなく、覇権を握る機会がいきなり降ってきたのである。旧岩井産業の粉飾決算が発覚したのだった。日商側の驚きは大きかったが、

「災い転じて福となすですな」

と幹部間で囁かれた。結果、岩井秀夫はその後、就任一年もたたないうちに退き、それから岩井系役員たちの凋落の旅が長く続くこととなる。

さてその合併の一ヵ月ほど前のことだ。ようやく岩井との最終交渉がまとまり、西川は幸福な気分にひたっていた。

これで日商飛躍の堅固な礎《いしずえ》が築かれた。いよいよこれからである。西川の期待は大きくふくらんだ。考えてみれば、それもこれも鈴木商店時代から続く諸先輩の苦心の賜物なのだ。いくら頭を下げても下げ切れるものではない。彼らへの感謝の気持ちを込めて、そして今後

の自分たちの歩むべき道しるべとして、「日商四十周年の歩み」を刊行することにした。昭和四十三年九月一日（一九六八）、西川政一絶頂の時であった。その巻頭の序文に彼の名でこう記している。

「われわれは、静かにきのうを顧み、きびしくきょうを直視し、流動するあすを慮り、おもむろに日商百年の計を立てて、不退転の決意の下、ひたむきな努力により、たゆみなき前進を続けねばならない。故きを温ねて新しきを知ることは、たえざる前進への絶対条件である。今年は明治百年という。そしてわが社は創業四十周年！……〝鈴木〟の気魂と闘志とは、われらこれを引き継ぎ、胸に秘めて、以って創業の初心を貫き、前進又前進、如何にもして先人の苦心に応える所がなくてはならない……」

西川の日商に賭けるほとばしるような熱情が、行間に滲み出ている。

ところが好事魔多しというのか、絶頂はほんの一瞬で終わった。合併後まもなくの秋が深まった十一月、社長の西川政一が突然、過労で倒れたのだ。脳血栓である。

それを知った高畑は思わずしまった、と心のなかで叫んだ。西川が人事案を持ってきた時に何とはなしに抱いた危惧だが、やはり間違いではなかった。あのとき一言声をかけていたらと、深い悔いが心をえぐった。西川の病気が自分の責任のような罪悪感にとらわれた。

思ったより重体だった。西川の病気との長い戦いが始まった。その後、約半年間、夙川香雪病院に入院したまま、絶対安静を強いられたのだった。

根が前向きで真面目な西川は何とか復帰しようと、懸命にリハビリに励んだ。ともかく頑張り屋なのだ。悲観に陥る前に、先ず体を動かした。一ミリでも二ミリでも前より多く動かそうとする。その甲斐あって、半年ほどで退院出来、東京の善福寺にある本宅へ帰った。最悪期は脱し、以後、自宅療養を主にして、病院との往復を繰り返すのである。ほんの時たま会社には出るが、実質、社長不在の日が続く。

高畑誠一は悩んでいた。社の舵取りをどうすればいいのか。西川はまだ社長のままでいる。不在でもどうにか社は動いているが、いつまでもそういうわけにはいかない。だがあれほどの功労者だ。「では辞めて下さい」と言うには情に忍びないし、そんな薄情なドライさは自分には持ち合わせていないのを知っている。

が時間はどんどん過ぎていく。高畑はとうとう意を決した。

(そろそろ潮時かもしれないな)

やむを得ない決断なのだ、と自分にわざわざ言い聞かせ、ためらう心を振り切った。

しかし、誰を社長にするか。それが問題である。海部にしたいのは山々だけど、まだなんせ四十六歳の若さだ。強引に押しきることは不可能ではないが、後々のことを考えると、ここは一つ見送った方が無難かもしれない。せいぜい二、三年のことではないか。それならば、いっそのこと暫定政権にすればいい。それで乗り切ろう。

だがこの時の判断を高畑は後に大いに悔やむことになる。取り返しのつかない事態を招くことになるのである。

高畑はもう迷わなかった。数日後の晴れた日の午後、西川の自宅に見舞いに行ったとき、引退を打診している。

「あまり無理をなさらず、療養に専念なさったら如何ですか」

会長に退いて、もっと大所高所から経営をみたらどうかと勧めたのである。追い出すとかいうのではない。それは相手を思う本心からの言葉であった。いや、果たしてそうだろうか。これは正しい表現ではなかろう。最初、衰えた体を見たとき、会長どころか、いっそのこと完全引退を勧めたい衝動に駆られた。療養に専念して、残りの命を大切にしてほしい。そう思ったのだったが、復帰に邁進してきた西川の心情に気圧され、つい先の言葉となった。

このとき西川は驚きというよりも、むしろ安堵の表情をみせた。ソファーのなかで両肩を心持ち下げ、緩やかに前歯を見せながら、小さく頭を下げた。予期していたのだろう。ただ後継者については意思を表した。明確な名こそ口にしなかったが、副社長の貞広寿一を強く匂わせた。

「貞広君。今回の合併で、本当によくやってくれましたよ」

高畑は黙っている。うなずきはしたが、果たして聞いているのかいないのか。細長い顔が無表情だ。西川は不安そうに視線を揺らせた。

高畑には考えがあった。だがそのことには言及せずに、いったん会社へ戻った。

部屋に入り、深々と椅子に背中をあずけた。秘書のいれてくれた熱い番茶が、徐々に疲れを消し去っていく。西川の憔悴《しょうすい》した青い顔がまぶたから離れない。

この頃の高畑は身体的には年相応に弱りつつあったが、頭の冴えはまだまだ現役時代と変わらない。キングメーカーとしての威光も同様だ。

ひと息ついたところで、机の引き出しから用紙を取り出した。その上に、鉛筆でゆっくりと名前を書く。貞広寿一、橋本仲介、そして岩井系の吉田和夫の三副社長である。

先ず吉田の名前を線で消した。次に橋本。やはり残るのは貞広か。

社内ではすでに貞広の名が一人歩きしはじめている。

(衆目の一致しているところだな)

筆頭でもあるし、無難な決定というべきかもしれない。

だが、と高畑はつぶやいた。貞広では困るのだ。彼にはそこそこに人望もあり、一旦社長の椅子に座ると、やっかいなことになる可能性がある。長期政権の恐れなしとはいえない。

(二、三年で取って代われる男……)

優秀でなくてもいい。いや、むしろ愚鈍《ぐどん》の類が望ましい。

(そうなると、この人物が適任か)

貞広を消し、辻良雄の名をその隣に書き込んだ。上席三副社長を飛ばし、筆頭専務を格上げするという荒技だ。しかもその専務のポストにもつい最近、昇格したばかりのほやほやである。高畑は腕を組み、思案した。

この辻という人物、荒法師然のいかつい面構えに似ず、実際は小心で地味な男だ。実績もほとんどない。どういうふうに売り込めばいいのか。

しかし翌日、高畑はすぐさま行動に移している。さっそく夜、ひそかに辻を花隈の料亭

「花緑」に呼んだ。そこで初めて辻に社長候補の一人であることを匂わせた。辻は信じられないとばかりに首を横に振った。

「ご、ご冗談でしょう。私は木材部の出身なのですよ」

「確かに木材は、そうですなあ、地味な部門やわな。機械や鉄とは比べものにならんほどね」

「しかも、上に三名もの副社長がいらっしゃる……」

高畑は否定しない。あっさりうなずいた。そして辻の目を正面から射るように見入り、やがて謎めいた視線に変えた。

「でもね。そこは知恵の出しようじゃないですかな」

「知恵？」

「まあまあ、辻さん。ええじゃないですか。そのことは海部君にまかせましょう。彼なら必ずやり遂げると思いますよ」

高畑はそれからもまた二度ほど海部の名を出した。

辻はまだ信じられないというふうに、顔だけ突き出した不安定な格好でとどまっている。しかしその一方であふれ出る喜びを隠そうと、激しく気持ちを揺らせ、息を荒げる様子が高畑にも分かる。それでもさすがにぬかりなく、口だけは滑らかに動いていた。

「有り難いお言葉、恐れ入ります。どうか海部常務によろしくお伝え下さい」

「いやいや、会社のためですよ。でもね、超難関問題ですからねえ、これは……」

高畑はそう言って、辻の盃に酒を注ぎ足した。そして微笑の消えた目で、

「ともかくベストを尽くしてみますから。どうなるか楽観は許しませんけども」

とつけ加え、先ほどまでの自信を帳消しするような曖昧な言葉で締めくくった。

それは恩を売るという辻に対する高畑の作戦である。が実際、ふたをあけなければ分からないという部分も、多少は作用していたのだろう。

しかしながらこの頃の高畑は相談役に退いているにもかかわらず、院政と言ってもはばからないほどの権力を握っていた。地味で目立たない辻であっても、強引に社長に祭り上げるだけの腕力は有している。だが後々のことを考えると、そのやり方は得策ではない。いずれ海部を社長にせねばならず、それに備え、今は辻に対する海部個人の貸しを作っておくのが賢明だと考えたのだった。

そこまでの高畑の判断は一応、うなずける。ところがこの時点で致命的なミスを犯したのである。肝心のそのことを辻に伝えなかったのだ。短期政権だということ、そして次は海部だということを匂わしさえしなかった。

別に意図したわけではない。単純に頭のなかになかったというだけである。その根底には、その気にさえなったらいつでも海部に交代させられる、という油断が潜んでいたのかもしれない。

高畑から指示を受けた海部は興奮した。心酔する高畑の命令なら、どんなことでも遂行する気持ちで染まっている。ましてや今回は自分の将来を慮《おもんぱか》ってのことだというのは十分に肌で感じていた。

夜、酒を飲みながら、一週間ほどのあいだに三副社長に個別に会い、高畑の意向として伝えている。

「ご三方のうち、どなたが社長になられても、不思議はございません。しかし同時に三名共というのも不可能なことでして、高畑さんは悩んでおられます」

「………」

「一方、この機会に若返りを図りたいともお考えのようでした」

「ほう、若返りですか……」

まさか、お前さんじゃあるまいな。そんな台詞が驚いた目から飛び出している。この反応は三名とも同じであった。海部は表情を消し、神妙な面持ちでうなずいた。

「きっと会社の将来を思われてのことでしょう。相談役のお気持ちも、分からなくはありません」

「まあ、それは、そうでしょうけど……」

歯切れが悪い。迂闊《うかつ》に賛成出来ないぞ、という疑心暗鬼に似た抵抗が満面に溢れている。

「でも若返りと言いましてもね。常識はずれのことをなさるお方とは私には思えません」

海部は常識はずれという部分を強調し、婉曲的に自分であることを否定した。

「それで相談役の結論と致しまして……」

とまで言って、言葉をとめた。やや気をもたせるように瞬時の間をおいたあと、一転して力のこもった目で後を続ける。

「ま、荒っぽいようですが、ここは一つ、お三方には会社のためにお退きいただけないか、というのが高畑さんのお考えでございます。当然のことですが、このことは西川社長ともご相談されているようです」

「ふうむ」

と相手は曖昧に反応し、ひと息おいた。そして探るような視線に変えた。

「で、新社長は……どなたに？」

声がくぐもっている。海部は頭を振った。ここは知らぬ存ぜずで通さねばならない。

「いえ、まあ、そこまではおっしゃっておりません。ただこれは私の推測ですが、会長には西川社長が就かれるんじゃないかと……」

やんわりとはぐらかした。

ようやく決着がついた。ただ三人のうち、筆頭の貞広寿一だけは簡単に承諾しなかった。恐らく早い段階で西川社長から囁きを受けていたのかもしれないと、海部は想像した。昼、夜も含め、三回目になってしぶしぶ了承したのだった。


十一月の初め、秋空にしては珍しくところどころに夏の雲が散在し、しばしの暑さが戻っていた。すでに日は高い。

西川はいつものように朝の散歩から戻ると、熱い茶で喉を潤した。それから背広に着替えた。妻の手を借り、迎えの車に乗った。今日は出社することにしている。道路はそれほど混んでいない。冷房をとめさせ、前席に座った秘書と雑談するうち、会社に着いた。

一週間後の役員会を控え、非公式に常務以上の重役陣を一同に集めていた。前々日、自宅の応接室で高畑から告げられた名前には大いに不満だったが、拒絶するのは不可能だ。受け入れるより仕方なかった。

(この病身で、会長のポストを与えてくれるだけでも有り難い)

それに退くと決まった以上は、とやかく言わぬが男というものではないか。そんな思いが西川を容易に妥協させていた。

見慣れた場所だ。ゆっくりと足下を確かめながら、役員会議室に入る。荘重なマホガニー製の大きな楕円形テーブル。壁の絵画。どれも以前と変わっていない。懐かしい過去の風景が矢継ぎ早に脳裏をかすめる。期せずして全員が起立した。パラパラと拍手が起こった。高畑の姿も見える。

西川は疲れた顔に精一杯の笑みを浮かべ、頭を下げた。あれほど濃くゴルフ焼けしていた黄金色の顔なのに、今は蒼白に近い白さに変わっている。皺の一本一本がはっきりと読み取れる。役員たちは見てはいけないものを目にしたように、遠慮がちの視線を漂わせた。

しかし部屋の空気は違う。まるで乾いた透明の氷が詰まっているかと思うほどピリピリと張りつめていた。今から何があるのか、出席者の誰もが知っている。ただ名前を知らないだけである。

辻良雄も皆につられて拍手をしているが、まだ知らされていない。前回、高畑から候補者の一人であることを告げられて以来、何の連絡もないのだ。決して他言しないようにと、クギを刺されたままで日にちが過ぎた。

たぶん没《ぼっ》になったのかもしれない。いや、きっとそうだろう。専務がいきなり副社長三人を飛び越えるなんて、どだいあり得ないではないか。あれは高畑の悪い冗談だったのだと、この時点では自分なりに結論づけていた。

（でも、ひょっとして……）

という気持ちもなかったわけではない。だがそんな期待は最初の二、三日だけで、今ではすっかり冷めている。

西川は隣に座った高畑としばらく雑談していたが、やがて姿勢をただし、口をひらいた。簡単な挨拶のあと、本題に入った。

「今日は他でもありません。私の後継者について、皆さんにご報告させていただきたいと思っています」

その前に、と言って、社長を退くに至った経緯を述べた。もちろん先日の高畑とのやりとりなどには触れるはずもない。言葉と言葉のあいだに息が入り、疲れているのは誰の目にも分かる。

西川は一同を見回した。自分がこれから演じようとしている一幕の重みを目で確かめるふうに、十分な間をとった。そしてつばを飲み込むと、一気に言った。

「で、後継社長でございますが……専務取締役の辻良雄君を指名したいと考えています」

おうっというざわめきとともに、悲鳴に似た辻の声が上がった。

「えっ、私が？」

辻は素っ頓狂にそう叫び、ぽかんと子供のように口をあけた。瞬きを忘れ、見開いた白目の大きさがその驚きを表している。

「ええ。辻君に日商岩井の今後をまかせたいと決めました」

高畑はすぐにその後を受け、辻に目をあてて促した。含みのある視線である。

「辻専務、お一言、どうですか」

「はあ……はい、分かりました」

何ともとんちんかんな応答だ。それほどの狼狽なのだ。だが他の役員たちも辻と同様、驚きが勝ってしまって、辻の無様なあわてぶりに気づく余裕がない。皆、理性が現実の出来事に追いつかず、急に黙り込んで、異様に光った目だけを辻に注いだ。

「何しろ、突然のことでして……何をしゃべればいいのか……。ともかく、ともかく一所懸命やらせていただく所存です」

声がかすれていた。

それから数日後、高畑は海部と辻を築地にある老舗の寿司屋に招いている。改めて辻に海部の恩の確認をさせておく意図だった。

こぎれいな別室が用意されていた。辻はまだ高ぶりから冷めず、喜びのためならどんなことでもするという雰囲気である。年下の海部を前に、畳に額をこすりつけんばかりに何度も頭を下げた。

だがここでも高畑はミスを重ねた。次は海部の番だということを辻に念押しするのを忘れていたのである。辻としては海部に恩は感じるものの、高畑から短命を期待されているなんて、夢にも思っていない。ひたすら高畑と海部の好意に感謝した。そう、好意、と受け取っていた。

そして間もなく開かれた取締役会で、辻良雄は満場一致で社長に選任された。一人の地味な男が、思いがけず、いきなりトップの椅子に座ることになったのである。自分の意思の及ばないところで他人の思惑と思惑がぶつかり、その勢いに弾き出された形で、運よく運命の白羽が偶然、辻に当たったのだった。齢、六十のときである。

しかもその人物が、以後、八年弱にわたって社長として君臨し、長期政権を維持し続けた。このとき、誰が予想しただろうか。

8　ＬＮＧの罠

海と空を制した海部はエネルギー分野にも進出した。インドネシアＬＮＧ開発輸入プロジェクトがそれである。

ＬＮＧは後に商社のドル箱になるのだが、ようやく三菱商事が昭和四十七年（一九七二）にブルネイ産のＬＮＧを輸入して、ＬＮＧ時代の先鞭をつけた。それを見た各商社は、数周遅れていっせいにこの分野に進出し始めた。

日商岩井が目をつけたのはインドネシアだった。当初は燃料本部が管轄し、相手側と交渉していたのだが、金と時間ばかりかかって全然、成果が現れない。

業を煮やした高畑誠一は社長の辻良雄に形だけの相談をして、それが終わると、すぐに海部を部屋に呼んだ。形だけというのは、このところ辻が海部のことをよく思っていないからだ。

木材部門出身でさしたる実績もなく、地味な存在だった専務の辻良雄が、上席の三副社長を飛び越えていきなり社長になった。それは自分と海部のお陰なのに、辻はそのことを忘れている。いや、忘れたふりをしている。その性根が高畑には気にくわない。卓越した戦略もなければ、海部のような実行力もない。あるのは陰にこもった妬みと、さらにその奥にある鬱屈した負けん気だ。

（ま、もう少しの辛抱や。そのうち海部の時代が来る）

そう思うことで高畑は気持ちをなだめている。

辻と海部との関係でこんなエピソードがある。辻が社長になる前のことだ。いつか海部がＦＸ商戦に参入する直前、この二人は会議の席でやり合ったことがある。それまでの海部の相次ぐ派手な受注報告に、辻は嫉妬の我慢を長年、積み重ねていた。しかしとうとう抑えきれなくなり、言わずもがなの文句をつけたのだった。受注額は大きいが、口銭率が低すぎるというのである。そして、したり顔でつけ足した。

「それに、聞くところによりますと、戦闘機は日本でライセンス生産するそうですね。その場合、エンジンと電子機器をはずした機体本体に対してしか、口銭がもらえないというじゃないですか」

海部はポカンと口をあけ、呆れて軽蔑したような表情をした。それだけでも数千億円の売上げになるのだ。何の実績もない木材男の無責任な大口に、一喝したい衝動に突き上げられた。

が高畑に目で制され、気を取り直した。一呼吸おいてから、辻の用心深そうな目を、射《い》るように見据えて答えた。海部の怒りが見てとれる。言葉のトーンが固い。

「ご存じとは思いますが、軍用機はいったん納入しますと、十年、二十年は使用されます。その間、当然部品も使われるのですよ。否応なくね。その金額は決してバカにはなりません。

必ず口銭が入ってくるのです。安定した実にいい商売だと思いますけども」

高畑はふと昔のそんなやりとりを思いだし、知らないはずはないのにわざわざ嫌みを連ねた辻の性格に、ますます嫌悪を増幅させた。つい今しがたも辻は海部にＬＮＧをやらせることに口では賛成したが、正直なもので、その目の端が不満でゆがんでいたのを高畑は見逃していない。

「遅くなってすみません」

呼ばれていた海部が現れた。直前までパイプをくゆらせていたらしい。まだ口回りに葉巻の匂いが残っている。高畑は率直に現状を説明し、海部にこのＬＮＧプロジェクトに取り組んでほしいと依頼した。ボーイング旅客機部設立の時もそうだが、今回も相談役の高畑が危機感を募らせて動いたのだった。

「ということは組織上、エネルギーの燃料本部も私が見るということですか」

「いや。辻さんと話したのですが、現在の機械第一本部のままでやってもらえませんか。組織変更は辻さんが嫌がったものですから」

海部は快諾した。高畑の信頼がいまだに続いていることを改めて確認し、うれしかった。が、この組織変更なしで突っ走ったことが、後に海部に対する周囲の不満を高めることになるとは、当の本人も高畑も知るよしもなかった。それは辻の深慮遠謀だったといえる。

海部の行動は素早い。直ちに情報収集に入った。やはりここでも「Why?」の出番だ。ほどなく問題点が整理された。二つに要約される。一つは客先の国営石油公社プルタミナのストウ総裁へのコネがなく、日商岩井がまったく相手にされていないこと。第二は資金供給面で日本輸出入銀行（現国際協力銀行）の融資がなかなか決まらないこと、であった。

「燃料本部は本当にバカだよな。これじゃあ、百年かかっても成約しっこないよ」

海部から見れば、商売のイロハのイさえもが押さえられていない。辻社長はいままでいったい何をしてきたのか。あの男には本気で日商岩井を大きくする気持ちがあるのだろうか。そうぼやきながらも、体の方はもう走っている。航空機で培《つちか》った政治力がそっくりそのまま役立つことが分かった。岸信介が主宰する岸事務所の存在だ。

プルタミナは国営の巨大企業でありながら、ストウ総裁の独裁で動いている。ほとんどのプロジェクトがストウの一声で決まると言っても過言ではない。狙いは一つ。大小の裏金が、まるで芋づるのようにあちこちから這い上がってきて、ストウのところで集約されるという図式なのだ。

当時のインドネシアでは、プルタミナに限らず、たいがいの国家プロジェクトには裏金の影がつきまとった。それを受け入れなければ、参入の資格さえ与えられない状況だった。大商社といえども、いかに法の網をうまくかいくぐって金を届けるか、経理部員たちは年がら年中それればかり考えていた。

「日商岩井だけがノーと言うわけにはいかんよな」

一応、抵抗感はあるのか、最初のころ時々、海部は部下につぶやいたという。

人がやるから自分もやっていい、というわけではないが、そうしなければ土俵にものぼれない。

（まるで日本の戦闘機商戦と同じだな）

そのつぶやきは海部にとって免罪符となった。いったん決心すると、もう迷いはない。これが海部の特長だ。猛然とストウの懐に飛び込むことになる。

ファーイースト・オイル・トレーディングという会社が港区にある。インドネシアと日本との合弁企業だ。岸信介自身が主導して一九六五年に設立したもので、以後インドネシアから石油を輸入するとき、この会社を経由した。同国のスハルト政権やプルタミナとは密接なパイプでつながっている。

当然ながらこのファーイーストは岸事務所に押さえられていた。海部が動こうとした頃、岸はすでに政界を引退していたが、海外ビジネスではいまだに隠然とした力を保持し続けている。とりわけ韓国、台湾、インドネシアをテリトリーとし、絶大な利権を有していた。

他ならぬ海部八郎の依頼だ。それにビジネスとしても、蜜の味がする。悪くない。彼らはすぐに動いた。さすがはプロである。岸事務所とファーイーストの連携で、プルタミナへの懸命の働きかけが続けられた。

その秘密の接触ルートは、海部にとっても興味のあるところだ。自力で開拓出来るものなら今後はそうしたい。

「私にもお手伝いさせてくれませんか」

或るとき海部は厚顔を承知の上で、岸事務所の人にさらっと言った。しかし婉曲《えんきょく》的にだが、即座に断られた。当然のことである。

（それこそが私たちのノウハウなのですよ）

相手は目でそう語っていた。

そういうやりとりの一方で、海部は同業であるトーメン（現豊田通商）にもたびたび足を運んでいる。

そのころインドネシアの商売では、トーメンが絶対的な睨みをきかせていた。ジャカルタ支店長が持つ政界や経済界との個人的人脈は絶大だった。長年にわたり深く広く根を張り、とても他社の及ぶところではない。いかに三井物産、三菱商事といえども、トーメンの前ではヘビに睨まれたカエル同然で、反感を買ったり怒らせたりするのは得策ではなかった。

海部もそのことをよく心得ていた。横やりだけは入れさせまいと、わざわざインドネシアまで出向き、仁義を切った。

「もしうまくいきましたら、お宅にもそれなりのお礼をさせていただきますから」

「金銭じゃなく、何か仕事でいただきたいですな」

それから間もなく、本当に間もなくだった。ストゥ総裁とのアポイントが取れたのだ。これまでの船や空での苦労に比べれば、あっけないほど簡単にいき、海部は不謹慎とは思いながらも、喜びも中くらいのままジャカルタへ飛んだ。

それからストゥとは契約調印と挨拶が主だが数回会っている。顔の皮膚がぴったりと骨に張り付いて、肉がない。痩せこけた小柄な老人だが、紫色にさえ見える黒光りした顔面は、その鋭い眼光とともに、海千山千の海部にさえ畏怖《いふ》の念を抱かせた。海部がこんな気持ちになったのは、生涯、このストウだけだったと、晩年に語っている。

ストウはピラミッド組織の頂点だ。直接条件交渉をするのではない。契約担当部長がいて、必要に応じて彼が上階にあるストウの部屋へ相談に出向く。うまくいくとは限らない。合意したばかりの事項でも簡単にひっくり返された。いくら岸事務所といえども、個別の利害にまでは口出ししない。こういう時の海部は忍の一字に変わる。

途上国相手のビジネス交渉では、相手のプライドを傷つける態度は厳禁なのである。相手を立てながら、それでいてこちらの言い分を呑ませねばならない苦しさがある。主張と妥協の線引きをどこに置くか、悩まされる。部下と共に一喜一憂しながらも、どうにか最後の交渉をまとめ上げた。そして無事、ストウとの契約調印が終わった。ほっとした気分が覚めやらないなか、総裁室から出た海部は、契約部長から慰労の昼食に誘われた。海部はにこにこしながらも、

「いえ、直ぐにシンガポールへ行かなくちゃいけませんので……」

と、丁重に断っている。シンガポールに用事などはない。ぐずぐずしていて、またストウの気が変わるのを恐れたのだった。逃げるが勝ちだ。案外、気の小さなところもある。それとも、用心深さというべきなのか。

ちなみにストウは、後年、長年にわたる個人の不正蓄財で窮地に立たされ、昭和五十一年に総裁の椅子から退いた。

話は戻るが、まだ契約までに二番目のカネの問題が残っていた時のことだ。政府による輸銀融資がそれだが、これも政治工作で時の首相田中角栄を説き伏せ、受け入れさせている。

だがここへ至る道も平坦ではなかった。三菱商事の横槍が入ったからである。岸事務所も隅に置けない。最後の段階で日商岩井と三菱商事の二股をかけていた。三菱商事が政府に駆け込み、

「プルタミナはインドネシアを代表する国営企業です。日商岩井だけでは信用されません。三菱商事も共同パートナーとして参入させるべきです」

と、勝手な理屈を作り上げて強引に割って入ろうとした。これを知った海部は激怒した。

「冗談じゃない。これは俺たちが開拓したプロジェクトだ。三菱商事なんぞに掻《か》っ攫《さら》われてたまるものか」

常日頃から関西系商社の悲哀をいやというほど味わわされている。悲哀というのは政治力の差だ。三菱商事や三井物産という財閥系の関東商社は、当然のごとく政府と一体となって経済界を支配していた。海外の政府融資案件は、早い段階から情報を察知し、通産省や外務省と組んでことごとく手中にする。東大卒を共通項とする互いのきずなは強く、関西系商社の入る隙はない。御上《おかみ》に対しては限界があるのだ。立場が弱い。そんなところへいきなり「分け前をよこせ」と殴りこんできたのである。そしてこともあろうに岸事務所からも圧力をかけてきた。

日頃、海部は東大のことを東《あずま》大学と呼んで揶揄している。東大とは言わないのだ。それは自分が出た神戸大学との比較からではなく、むしろビジネス上の不合理から発した鬱憤からきている。

海部は早速、行動した。担当者を従え、通産省の輸出入許可担当窓口へ自ら乗り込んだ。だが窓口の年配の係員はけんもほろろの応対で、共同受注でなければ輸銀融資を認めないとさえ言う。課長を出せと言っても出てこない。ごり押しの意図が丸見えだ。三菱商事に丸め込まれている。

東《あずま》の野郎、と歯軋《はぎし》りしながらも、ここで海部は発想を転換した。もう通産省はいい。直接、首相の田中角栄を訪ねてみよう、と考えた。自宅には何度か行っている。小学校しか出ていない角栄なら、東大学の横暴をきっと分かってもらえると踏んだのだった。

その頃、田中は目白の自宅で毎朝、大勢の陳情者と会うのを日課にしていた。大広間には全国から来た陳情者たちが朝食の膳を前に座り、饒舌と活気が満ちている。海部も時々顔を出し、膳を食した。陳情者は一人ずつドアのあいた部屋へ呼ばれて面談するのだが、時にはそこで「帰りに旨いものでも食べなさい」と、小遣いをくれることもある。

田中はくどい話は嫌いだ。決断が早かった。海部の話を聞くと、癖になっている「ヨシャ」という言葉で決着がついた。それ以後、三菱商事の動きはぴたりと止まり、輸銀融資の許可が下りたのだった。

こうして海部はインドネシアＬＮＧでも成功をおさめることになる。そしていよいよ昭和五十三年にはＬＮＧ第一船が日本に入港したのだった。そのとき港からその船を眺めていた海部の目には、うれしさよりもむしろ厳しい決意の色が滲んでいた。

（まだほんの始まりだ。見ていろ。これから日商岩井のガスが日本中の港を埋めるのだ）

　野心は炎となって海部のなかで燃えた。それは現実感のある、自信に裏打ちされた炎であった。

　それまでＬＮＧといえば、三菱商事の独壇場だったのだが、ここで初めて日商岩井が風穴をあけた。プルタミナから輸入権を獲得したのだ。小さな革命である。ところがこの小さな革命はやがて三菱商事と肩を並べるまでに大きく成長することとなる。会社の屋台骨となるのだ。それはまさに海部の活躍の賜物と言って、過言ではない。

　ところがその後、思いがけない事態が起こる。海部への賞賛どころか、むしろ負の反応が出たのだ。海部へのバッシングが社内外でくすぶり出したのである。ＬＮＧにまつわる海部商法をダーティーと非難し、まだほんの端緒にしかすぎないが、そこには海部追い出しの動きさえ見え隠れした。辻や植田の顔もそのなかに見えた。いや、むしろ彼らがそれを先導し、煽《あお》った。

　海部が残した功績はいっさい無視され、当時の商慣習もすっかり棚に上げられた。ただ海部のビジネスのやり方だけをつかまえて、「悪」と断定された。そう、断定なのである。日商岩井の名を汚す罪人として、非難の石を投げつけられた。そんな動きが始まっていたのだった。

「海部は組織を無視する傲慢な男だ」

「燃料本部が手をやいていたのをいいことに、横からかっさらっていった」

噂が一人歩きした。正式な燃料本部を差し置いて、無関係な機械部が横取りし、独走したというのである。

「言い方もあるものだ」

その時でも海部はまだことの重大性を認識していなかった。部下たちに妙に感心してみせたくらいだ。それに社内の批判や嫉妬の類には耐性が出来ていたこともあった。それが判断を鈍らせた。ただ、不愉快には感じていた。どこからネタを手に入れるのか知らないが、週刊誌など社外の人間がゴシップ的に扱うのだけは不快だった。

しかし、それはまだグラマン事件が起こる前の話である。

9　ダイヤルを百回まわす

海部の朝は早い。丈夫で病気知らずの人間だ。夜は政財界人との接待を精力的にこなしながら、翌朝の八時前にはもう出勤している。接待は一晩に二ヵ所をはしごした。だからといって、不眠不休というほどの向こう見ずではない。体が資本だということは知っている。大抵、夜十一時過ぎには帰宅していた。テレビで十一時十五分からはじまる佐々木信也のプロ野球ニュース（昭和五十一〜六十三年まで放送）の時分には、背広を脱ぎ、熱いお茶をすすって寛《くつろ》ぐのを常とした。別にプロ野球ファンではないが、テレビをつけっぱなしにし、子供たちとたわいない話をするのを楽しんだ。しばしの時間、子煩悩な普通の父親の顔がある。

海部は自慢しない男だが、例外が一つだけあった。それは大学時代の成績だ。時々、シミのついた古い成績表を部屋のタンスの奥から取り出してきて、子供たちに見せる。

「ほらほら見てみな。二十五個のうち、良は一個だけ。あとは全部、優なんだよ」

と言って、頬を緩める。子供たちは又かという顔をしているが、一応、素直に聞く姿勢で応じた。

風呂から上がると自室にこもり、いつもの日課がはじまる。仕事の電話だ。すぐさま部屋中に大声が響く。「バカ野郎」とか「死んじまえ」とか「もういっぺん客先へ足を運べ」とか、部下を叱咤激励している。忙しい男である。

妻の良子が言う。

「家庭をいっさい顧みない人ですけど、健康でいるのだけが何よりです」

と、その控えめな物腰のなかに、夫を信じている幸福感をにじませている。

日課の始まりはいつもと同じである。副社長室に入ると、先ず目にとまるのは船の絵だ。大小十点ばかりの絵が四方の壁にかかり、そのうち八枚は船で占めている。近代船ではなく、帆船とかの古い船ばかりだ。

（懐かしい絵だ）

船主開拓で走り回っていた頃の遠い昔を思い出す。あの時の苦労があったからこその今である。初心忘るべからず。商いの原点を忘れるな。先ずそう自分に言い聞かせ、仕事にとりかかる。

でこの仕事だが、何も難しいことをするのではない。両手を上げてぐっと背伸びをしたあと、足早に階段を降りる。まだ誰もいない通信室へ行って明かりのスイッチを押す。そして立ったまま、海外から入電しているテレックスを斜め読みし、その日の仕事の準備を整えるのだ。

それが終わると部屋へ戻り、秘書が置いていてくれていた新聞を手にとる。熱いコーヒーを飲みながら、先ずは日経、それから朝日、毎日、読売、そして英字新聞二紙にと、猛烈なスピードで目を通す。そのあと、週刊誌の番だが、タイトルだけ拾い読みし、面白い部分に出くわすと、斜め読みに変わる。

この新聞読みは大方の経営者にもみられるパターンだが、海部が異なるのはそのこまめさだ。役立つと思う記事にしるしをつけ、読み終えたあとで、まとめて切り抜く。わざわざ自分でハサミを持って、その場で切り抜くのである。そして直接部下を呼び出し、

「読んでおくように」

と、手渡すのだ。

その後、山積みされた稟議書《りんぎしょ》に移るのだが、ここでもスピードは衰えない。精読か粗読かの違いはあるが、必ず目を通し、判を押す。

いや、判というのは正しくない。海部は一風変わっていた。判の代わりに、その箇所にペンで賛成の「賛」、とだけ大きく書くのである。賛の踊るような一文字は、他の整然と並んだ決済印の右側で、孤高にも、或いは何かに抵抗しているようにも見えた。

確かに海部は孤高である。その高い理想は他の役員たちの日頃の言動からは匂いさえものぼってこない。一言でいうなら、彼らは自己の保身と出世に汲々としている。小さな器のなかで陣地の取り合いに忙しい。果たしてこんなことでいいのだろうか。商社とはそもそも商いの会社なのだ。それなのに商いに励むのを忘れている。

〝追いつき追い越せ〟は今や高畑と自分の二人にしか理解されない死語とさえ海部には思え

た。

（だからこそ俺が頑張らねば）

その意気込みは身近な抵抗として海部を動かした。滑稽で小さな抵抗かもしれないが、ある時から稟議書に判を押すのをやめた。惰性の判には意味がない。賛。

に変えたのである。しかしそれは生真面目な抵抗というより、幼少時から海部が持っていた茶目っ気も多分に作用していたのだろう。

だがリポート読みに関しては、本気で海部は取り組んだ。役員や上級幹部たちに無言の抵抗を示そうとした。あるときリポートを作成した担当者を呼んで、言った。

「駄目だな、このリポート。担当者としての君の考えはどうなってるの？」

内容ではない。途中で課長や次長が手を加えたのだ。結局、誰が書いたのか分からない改ざんされた代物になっていた。

以後、海部はリポートの改ざんを許さなかった。担当者であれ、役職者であれ、その起案者が作ったものをそのまま提出するように命じた。

たとえそれが新入社員であっても分け隔てはしない。丹念に目を通した。そしてペンをとり、

「ここはこう表現すべし」

と、メモを添えて起案者にフィードバックするのである。

「我々のリポートを海部副社長は読んでくれている」

社員たちは感激した。雲の上のような人物と自分はつながっている。そう思うと、いい知れない喜びと満足感で興奮した。自ずとやる気が湧き上がり、その結果、海部が管掌する部課は活性化するのである。そこだけが、広い社内でちょっとした別世界のような違和感を浮き立たせた。若い社員たちはこんな海部に親近感を抱き、他部門の人たちでさえ海部の下で働きたいと願う者が増えた。

こんな風潮を横で苦々しく思っていた連中がいる。辻社長を始めとする大多数の役員たちだった。海部の人気が上がれば上がるほど、屈折した反発が渦巻いた。

(比べられてはたまらんな)

本音はそこにある。いちいち皆のリポートを読むなんて、海部はどうかしている。そういう仕事をするためにこそ中間管理職がいるのではないか。人気取りもいい加減にしてほしい。そう陰口をたたいて一時の溜飲をさげる。

そしてその傾向は年配の管理職たちも同様で、あたかも自分たちの権威の城に土足で踏み込まれたような不満を抱いた。

だが海部にはさらさらやめる気はない。役員たちの反発は承知の上だ。そんな苛立ちがまた面白くもあった。役員らはさらに調子に乗った。海部を支持する社員たちを標的に、海部軍団などと揶揄的に呼んだ。

「またまた呼んでいましたよ」

島田は愉快そうにからかうが、いつも通り海部からは反応はなく、むしろ悠然としている。

「若い者の考えを聞かなきゃ駄目だ」

海部は口癖のようにそうも言った。いや、言うだけではなく、実際に実行する男だった。もうかれこれ十年ものあいだ、週に一度、ヤングミーティングと称する勉強会を開いている。船舶、航空機、機械部など自分が管掌する部門から生きのいい若手を選び出し、毎週月曜日の朝、八時半から一時間、自由討論の場を設けるのである。階下の喫茶店から取り寄せたコーヒーを飲みながらのミーティングだ。参加者は新入社員から課長代理か課長までに限定された。そんななかに後年、社長候補となる若い友森宏が一時期、書記役で参加していた。

討議は自由闊達だ。海部は聞きながら、熱心にメモをとっている。権威の傘を微塵《みじん》も見せない。いい意見や情報に出くわすと、嬉しそうに目を輝かせ、背を丸めてまるで一書記のようなこまめさでノートに書き留める。

(現場の生の声ほど役に立つものはない)

海部はそう信じている。

「部長はダメだ。引き出しのなかの情報はもう選別されてるからな。その点、若いヤツの引き出しはいい。ゴミのような生材料が詰まっている。そこにダイヤモンドがあるんだよ」

海部はそう言って、若い社員を鼓舞するのだった。

がその分、職場にいる上司たちは気が気ではない。ヤングミーティングでいったい何が話されたのか。悪口を言われなかっただろうか。参加者たちが戻るのを待ちかまえ、いっせいに探りを入れる。自信のない管理職ほど地に足がつかない。

「海部副社長のお気持ちは分かりますけどね。でも管理職たちの身にもなってあげないと……」

時々、島田は海部と二人になったとき、心配そうに目をのぞき込みながら言う。そして続ける。たとえ一歳とはいえ、年長者としてアドバイスしておきたい気になるのだろう。

「これじゃ、いくら体があっても足りませんよ。何しろ時間を切り売りなさってるんですからねえ」

海部にはもっとやってもらいたいことが山ほどあるのだ。

「大丈夫、大丈夫。まあ、ショック療法ですよ、島田さん。ああでもしなきゃ、硬直した組織はなおりません」

組織論を知らないわけではない。権限委譲は必要だ、と海部は思っている。だが今の日商岩井にはその前にやらねばならないことがある。それは自己保身で凝り固まった管理職たちにショックを与えることなのだ。そういう連中を、

「説明上手の儲け下手」

とからかい、皮肉った。説明させたら一流だが、そういう人物に限って儲けていないのである。

実際、海部は管理職たちにたびたびショックを与えた。討議の場で、無能な上司のために応札《さつ》プロジェクトが失注しそうだと知ったときなどは、即座に顔色が変わる。閉会後、一時

間もたたないうちに、「Fire」（解雇）と書いた紙片をその上司のところへ秘書から届けさせるのだ。

現実には解雇をするわけではないが、受け取った上司は気が動転した。トップの海部にまで実情を知られ、あわてて部下と相談にかかる始末である。そんな場面が多発した。

「畜生、今に見ておれ」

そういう怨嗟《えんさ》の声が溜まっていったのも事実だ。荒業の改革の成果が出る裏側で、恥をかかされた管理職たちの恨みが静かに、しかし着実に鬱積していった。後年、海部がグラマン事件で窮地に立たされたとき、彼らの多くはここぞとばかりに海部たたきに走ったという。

ヤングミーティングの席上では、海部は褒めてばかりではない。怒鳴ることもある。

「お前のようなヤツはな。皇居前の松の木にヒモでもつけて、死んじまえ」

口汚い叱責だ。ところが社員の反応が面白い。会議が終わって自席へ戻るなり、

「俺は海部さんに怒鳴られたよ！」

と、楽しそうに周囲へ言い触らす。逆にエンカレッジ（激励）されている有様なのだ。自分たちにかける海部の期待を本能的に感じ取っているのだろう。

「もっと知恵を出せ。そしてそれ以上に汗をかけ」

これは多くの経営者が好んで吐く台詞である。だが海部が異なるのは、それを社員に迫るだけでなく、自分自身に対しても絶えずはっぱをかけたことだろう。そのための勉強は読書に求めている。

もともと大学時代から本には慣れ親しんでいた。英語の原書もほとんど辞書なしで読める。昭和四十年代にドラッカーの「不確実性の時代」が出版されたとき、原書で二度読んでいる。日本で翻訳本が発行されると、すぐに会社の近くの本屋へ足を運んで取り寄せた。

「翻訳が間違っていないか、今から、とっくり読み比べてやる」

と言って、赤鉛筆を握りしめる茶目っ気さもあった。

本のなかでも、とりわけ好んだのは戦記物だった。信長や秀吉、家康時代のものは言うに及ばず、中国の歴史書、日清、日露、太平洋戦争など、時間を見つけてはのこのこ本屋へ出かけ、あさってくるのだ。

では、なぜそこまで海部は戦記物に惹かれたのだろう。それはたぶんそれぞれの戦いのなかから、勝つための戦略と戦術を生きた知恵として学ぼうとしたのではなかろうか。

これは憶測だが、根底には伊藤忠の瀬島龍三への引け目もあったに違いない。大本営参謀までつとめた瀬島に対し、海部は軍隊経験すらなかった。大学時代、猛勉強がたたって重い肋膜炎を患った。それが原因で兵役を免れたのである。自ら意図したわけではなかったが、この事実は若い海部を恥じ入らせたという。

そして後年、ビジネスの戦場で、瀬島の的確な戦略と深い策謀に出くわして煮え湯を飲まされるたび、戦いに対する己の至らなさを痛感したのだろう。それが無意識のうちに戦記物へと走らせたのかもしれない。

このように読書は海部にとって、趣味を超えた必需品としての位置を占めていた。その読書熱は学術書にも及ぶ。ケインズの原書は手垢で真っ黒になるまで読み込んでいる。昭和四十五年から七年間、自費で東京と神戸を往復し、神戸学院大学で「ケインズ経済一般理論」の講義をしていたくらいだ。

しかしどこにそれだけの時間があるのか不思議なのだが、海部は音楽や絵画にも詳しかった。日本開発コンサルタントの紺野逸郎はこう語っている。

「パーティーなどで、私とはよく音楽の話をします。海部さんはクラッシック音楽のなかでも、ベートーベンのような古典派を好んで聞いているそうです。誰の曲はどの指揮者、どのオーケストラが一番いいとか、かなり専門的なのですよ」

海部が並々ならぬ努力家なのはこの音楽の一事をみれば分かる。実は彼は音楽に才能があるとは思えないし、終生、それほど興味ももっていなかった。だが顧客のなかには結構、音楽好きが多い。彼らに話を合わせるために、相当勉強したらしい。そう、勉強なのである。人間関係構築、つまり今日いうところの人的ネットワークの構築こそが、プロジェクト成功への秘訣だと信じている。

「海部副社長にはビジネスの才能がある」

部下たちからよくそう言われる。だが海部は一度もそんなふうに考えたことはない。あえて才能があるとするなら、それは人を見抜く力だ。この人物と人間関係を結べば将来プラスになるかもしれないと、あくまでもビジネス成功のための種まき発想が原点にある。そのために必要な汗は好んでかいた。贈り物作戦や接待もそうだし、当たって砕けることや足で稼ぐなども、疎《うと》ましいと思ったことはない。

部下が海外出張から帰ってきて、客が会ってくれなかったことを報告した時など、海部は血相を変えて叱り飛ばしたものだ。

「何をとぼけたことを言ってるんだ。明日、もう一度出張し直して、会ってこい」

そして実際に部下は再び海外へ出掛けるのである。

そんな緊張感が部内に満ちているものだから、外部から見る目には異様に映る。ただでさえ良く思っていない連中は、その違和感を躊躇なく海部軍団という言葉に結びつけたのだった。

ともかく海部は人との関係を大事にした。もし彼がコンピューター時代の今日、生きていたら、どう思うだろうか。社員たちは朝から晩までパソコンの前に張りつき、意見はメールで述べて、面と向かって話をすることはない。それがIT時代のビジネスのやり方だと思っている。社員同士だけでなく、顧客に対してさえ同じである。海部なら恐らくこう怒鳴っただろう。「じっとしてないで、とっとと客のところへ足を運べ」と。

さて、ことほどさようにともかく海部は忙しい男だ。机の上にはいつも電話器が三台、置いてある。一つはビジネス用。他の二つは政治家、松野頼三と田中六助との直通電話だという。手垢で汚れた手帳を脇に置き、大きな声で片っ端からダイヤルを回している。

「日に百回は電話をかけてるね」

当たらずとも遠からず、というところだ。社員たちは半ば呆れ、半ば感心したようにそう囁いた。帰宅してからの電話も入れると、もう数え切れない。新幹線に乗っても、その勢いはとまらない。しょっちゅう公衆電話のところへ足を運ぶ。ともかく本を読んでいるか、電話をしているかのどちらかなのだ。

大した用事がなくても、海部はいきなり電話をかける。

「あのう、ちょっとご無沙汰していまして、近いうちにお寄りしたいと思うのですが……」

というふうにこまめに顧客に連絡をとる。一息つくという言葉があるが、それと正反対にいつも何かをしているのが海部なのである。社用車の専属運転手も朝用と夜用の二人いたくらいだ。

海部と一緒にタクシーに乗り合わせた社員が言う。海部は釣り銭を受け取らないらしい。

「運転手が釣り銭を準備している時間が惜しいのですよ」

それほど海部は一直線に時間を駆け抜けた。

そして徹底してぐうたらを嫌った。たまたまパチンコ屋の前を通る時など、決まって顔をしかめる。遊んでいる連中を見ながら、「ああ、あいつらの時間をもらえたらなあ」と、羨ましそうに言う。

そのくせ矛盾したところもあった。休日は接待ゴルフでほとんど家にいないのだが、たまにお昼、家族と一緒に外食することがある。途中で必ずデパートに立ち寄り、オモチャ売場へ足を運ぶのだ。大の大人がである。そして船や飛行機、電車などの模型を手に取り、家族の退屈など平気で、無邪気に動かして楽しむ。海外でも同様。ちょっと気に入ったオモチャや船、ドラ、髑髏などの駄物があると、直ぐに買い入れる。だから自宅の部屋はガラクタまがいのオモチャが山積みになっていた。

なぜこれほどまでオモチャに魅入《みい》られたのか。普通に考えれば滑稽である。日頃の張りつめた神経を解放する特効薬というのが順当だ。機械が好きだという単純な理由もあっただろう。しかし根底には、幼くして逝った次男への追憶があったのではなかろうか。オモチャを手にすることで昔に返り、次男と時間を共有している感覚にひたったのかもしれない。海部が語らないので、妻の良子も尋ねたことはない。だが良子は気づいていたかもしれない。

オモチャ以外にもう一つ趣味があった。それはカメラのライカである。写真技術に興味があるというのではない。カメラという機械が好きなのだ。機械をいじり、シャッター音を聞いていると、いつの間にか疲れが抜け出たという。そんな単純なところもあった。

10　対立の根

辻良雄は元来、地味な男だ。海部とは正反対といっていい。外見だけを見ると、逆ではないかと思えるが、地味な分だけ内向するところが深かった。

木材という日陰の部門で育ち、華やかさとは無縁であった人物が、突如、社長という表舞台に引っ張り出された。ところが最初は戸惑ったものの、いったんその舞台に立ってみると、意外と面白い。

面白いというのは、仕事ではなく、人間のことである。人事と言い換えてもいい。大げさな言い方が許されるなら、その日から周囲の人間が、まるで太陽の回りに咲く無数のヒマワリのように一斉に太陽である自分の方を向き始めたのだ。ピリピリとして、常に気を使っているのが伝わってくる。

先ず面と向かって文句を言わなくなった。迎合的で肯定的な言葉の洪水だ。耳障りのいい話には注意せねばならないが、それが偽善《ぎぜん》か悪意か善意かくらいは判断がつく。

（人間とはこんなに面白いものであったのか）

辻はこの年で初めて気がついた。権力が持つ力の凄さを自分で体験し、この賜物を失ってなるものかと、そんな思いに目覚めはじめた。

（うまく人事の妙を使えばいいのかも……）

そうすれば、こんな自分でもやっていけそうだ。そんな自信が芽生えるのに半年もかからなかった。そしてその芽生えを助長し、煽ったものに海部の言動がある。自分の前での尊大さが次第に気になった。

航空機の受注をはじめ、次々と商談をまとめるバイタリティーには敬服するが、少なくとも自分は社長である。そうならそうで、もう少し礼儀というものがあるだろう。事前のプロジェクト承認の手続きはいつものことながらなおざりのままだ。顧客が来日したときのパーティーなどでも、自分か海部のどちらが主役なのか気にもしていない。そのくせ客先にリベートを渡すときや政治献金などは、聞きたくもないのに、わざわざ耳に入れていく。

この前の新聞発表にしてもそうだ。たまには社長に花を持たせることがあってもいいではないか。自分でさっさとすませ、横にいる社長を無視していたのは許せない。まるで自分が会社のトップだといわんばかりの尊大な振る舞いだった。

自分には海部、つまり部下の手柄を盗もうなどという気は毛頭ない。だが社長である自分に対し、恭順のかけらくらいはあってもいいのではないか。広い社長室で一人でいると、辻はついそんなことを考えてしまうのだった。

これら一つ一つは小さなことかもしれない。だがその一つ一つの積み重ねは、小心の辻にとっては何倍もの重さで心にのしかかる。無視出来ないくらいに大きくふくらんだ。

（それに比べ、植田三男はできている）

日がたつにつれ、その思いを強くした。植田も海部も共に専務に昇格させているが、その時すぐに二人の違いが出た。

海部は当然だといわんばかりの態度で、ろくに挨拶さえしなかった。一方、植田は小金井カントリーにゴルフ招待してくれた。どうせ社内の接待伝票で処理されることは知っているし、ゴルフはもう嫌というほどやっている。ただ植田の気持ちがうれしいのだ。心遣いというのか、上司をたてる人情というものをわきまえている。

（それにしても）

と辻は舌打ちをする。思い出すだけでも腹がたつ。築地の寿司屋でのことだ。何度も土下座をさせられた。畳に額をこすりつけて。あの時はそれほど意識しなかったが、あとになればなるほど不愉快になる。でその海部だが、その頃に拍車をかけて、近頃ますます増長した気がしてならないのである。

「六甲の高畑さんが……」

と、ことあるごとに言ってくる。それも決まって人事案件でくちばしを入れてくるのだ。

「人事は社長の専権事項じゃないですか」

飲んだときなど、植田ならずとも、気の合う役員たちは皆そう言う。

そんな辻をさらに憤激させた出来事があった。社長に就任してからちょうど一年ほど後のことだ。六甲山麓にある高畑の自宅へ急に呼びつけられた。何事かと駆けつけてみると、開口一番、ぴしゃりと言われた。

「君、もう社長を辞めたらどうかねえ」

辻は腰を抜かさんばかりに驚いた。何となく雷が落ちるような予感はしていたが、いきなり辞めろと言われて狼狽した。必死になって食い下がった。何度も畳に額をこすりつけ、哀願した。

「お願いです。どうかご勘弁下さい。当社で、一期で辞めた社長はいません。どうかお願いです……」

声を震わせながら訴えた。もし辞めたら、間違いなく世間から無能社長の烙印《らくいん》を押されてしまう。とても耐えられないことだ。これだけは絶対に避けねばならない。辻は腹の底から振り絞るような低い声で哀願した。

「もし今、私が辞めたら、どうなるでしょう。会社に不祥事でも生じたのかと、きっとマスコミに勘ぐられてしまいます。だから、どうかお願いです……」

高畑はそんな辻を無言で見ていたが、途中でぷいと横を向き、

「もういい。もう帰っていい」

と言い捨て、先に立ち上がったのだった。

その一件以来、辻は高畑との決別を意識した。

(守ろう。自分の身は、自分で守るのだ)

その決意は小心の辻を、ある意味でかえって強くした。保身に目覚めた辻は以後、意識的に反高畑、反海部の腹心作りに精を出すことになる。といっても、あからさまに態度に表す

愚はしない。表面的には今まで通りの恭順の姿勢を保った。

それまでにも辻は、海部を快く思わない役員たちとは頻繁に接触していた。辻からの誘いというよりも、むしろ下から声をかけてきた。飲み屋だけでなく、休日はたいてい彼らとのゴルフでスケジュールが埋まる。

今や辻の頭は自分のことでいっぱいだった。仕事も大事だが、自分を守る城を築くことの方が先決である。いつまた高畑に宣告されるか分からない。

会社の方は人任せというわけではないが、一応、順調にいっている。海部の所管する部門は日の昇る勢いだし、植田の鉄鋼部門も堅実な伸びだ。で、肝心の古巣の木材だが、これは相場という博打《ばくち》的な要素もあって、なかなか難しい。思い通りにはいかない。

（だが）

と、辻は思案する。木材の低迷は自分の沽券にかかわることだ。海部はますますバカにしてくるだろう。何とかせねばならない。辻は焦りを強くした。まるでここだけは自分の職責であるかのように思い詰め、元の部下たちをつかまえては叱咤した。

ところがこの焦りは、後に辻を苦況に追いつめることとなる。日商岩井が木材部門で利益操作をしたと、国会で追及されたのである。それはこういうことだ。

辻からハッパをかけられた部下たちは、あの手この手で知恵を絞った。日商岩井はもともと他社に先駆けて木材の開発輸入の分野に乗り出していた。アメリカで立木の伐採権や山を買い、そこで得た材木を日本の日商岩井本社が輸入するのである。折りからの建築ブームに乗って、木材価格は暴騰し、米国日商は莫大な利益を上げた。ところがそれを赤字にみせかけ、日本の本社へ利益移転したのだ。それを可能にしたのはインボイス（送り状）に記載される価格の不正操作である。外為法違反であった。

辻はこのとき国会に喚問され、突きつけられた証拠書類を前に、しどろもどろの答弁をして失笑を誘った。その後、大阪国税庁の調査で不当利益と脱税の事実が明らかとなり、会社は原木輸入の禁止措置まで受けている。

商社の反社会的行為として、当時、辻は世論から激しく非難されたが、しぶとく生き残った。ここが辻と海部の違うところだろう。同じ外為法違反でありながら、後年、グラマン事件では海部は取締役を解任されている。

（やれやれだな）

一件落着後、辻は手兵たちと酒席を持ち、苦しみの後の安堵を分かち合った。

死線をくぐり抜けた辻は、叩かれた分だけいっそう強くなった。海部などに負けてたまるかと、改めて自分に言い聞かせる毎日だ。またその手応えも、徐々にではあるが感じ出している。仲間が二人、三人と増えつつあるのだ。

その頃、日商岩井は三菱商事、三井物産、丸紅、伊藤忠に次ぐ総合商社第五位の座を、下位にいた住友商事に追い抜かれて六位にまで落ちていた。

「この世界、五位と六位とでは雲泥の差なんですよ。それを挽回しようと、日商岩井さんは相当無理をされましたな」

「何事も、大手五社までってのが多いですからね。六位は呼ばれません。特に政府借款の付くプロジェクトはそうですよ」

同業他社ではそう噂し合っていたが、社内では誰もがそんなふうには見ていない。無理をしたというよりも、辻社長の個人的な焦り、という声が圧倒的だった。

この頃海部はどうしていたか。二人は実に対照的で、辻が内向きなのに対し、海部はあくまでも外向きだった。この間にも海部は顧客開拓と受注活動に忙しく、一分一秒が惜しくて仕方がない。辻社長の動きは知らぬわけではないが、放っておいた。

「あれでよくも社長だといえるもんだよな」

酒が入ると、島田にこぼす。島田とは安心して本音で話せる。島田も大きくうなずいたあと、こぼれそうになる盃をなめながら、舌打ちした。

「それにしても、この度の木材価格の操作。俗な言い方だけど、目くそ鼻くそを笑う、の類じゃないですか」

「ハハハ。どちらが目くそで、どちらが鼻くそなのかね」

辻が社内のあちこちで海部のビジネスのやり方を非難しているのである。辻というよりも、辻の息のかかった一派という方が正確だ。危なっかしいとかダーティーとか、陰でケチをつけている。

「だけど一応、私は社長決裁は受けているからね」

「そのやり方が気に食わないのでしょう、奴さん」

島田も言いたい放題だ。どうして海部が社長にならなかったのか、いまだに不満でならない。社長業を放り出し、派閥形成ばかりにせっせと励んでいるそんな辻を、野放しにしている高畑も高畑だ。つい愚痴も言いたくなる。

「高畑さんがその気になれば、社長交代くらい、すぐに出来ると思うんですけどね」

「いやあ、そのお気持ちは持っておられるだろうけど、辻社長もなかなかのくせ者だから」

六甲での出来事は海部も高畑から聞いている。だが島田に話すわけにはいかない。

海部自身も、辻のことを考えると苛立つ時がある。社長の器でもない平凡な男が、想像さえしなかった地位を突然、手に入れた。それは誰のお陰なのか。よく分かっているはずなのに、近頃は忘れたふりをする。それどころか、人事というツールを使って、自身の取り巻き連中を露骨に優遇している。

(これだけは断固、許すわけにはいかん)

人事は公平でなければならない。とりわけ部課長人事はそうだ。若い人たちこそが働き手なのである。好き嫌いはあっても、業績と能力という客観的な結果で評価すべきではないのか。ところがそれを社長自らが歪めている。いちいち介入はしたくはないけれど、海部はどうしてもという時は人事部にまで行って申し入れた。

高畑とても苛立ちは隠せない。このところずっと辻の素行に疑問符を消せないからだ。外為法違反のことではない。この程度、と言ったら語弊はあるが、この時世、大商社といえどもみんな隠れてやっていることだ。

許せないのは、それを個人的利益に結びつける場合である。社内の噂にしか過ぎないが、辻の自宅建設で何かが匂ってならない。社長就任直後に大阪の帝塚山に自宅を建てたらしいが、それを施工した建設業者、清水建設との癒着を想像させるのだ。自宅をどの業者に建てさせるかは個人の自由である。しかし時期が悪い。

ちょうどその頃、日商岩井大阪本社ビルの建設計画があり、まさに業者を決める作業に入っていた。そのビルの土地は元々、竹中工務店が所有していて、竹中は日商岩井に好意を示し、わざわざ原価で売却している。膨大な利益を放棄するという気前のよさである。当然自分たちに建設が委託されると考えたからだ。

ところがいざふたを開けてみると、清水建設、大林組、鹿島建設、竹中工務店の四社への共同発注だった。四社もの共同、である。で、問題はその仕事の比率だ。何と清水建設がジョイントベンチャーの旗振り役をつとめ、大林と並んで四十パーセント、鹿島と竹中はどんと落ちて各十パーセントの割合になっている。

三和銀行グループの大林は日商岩井と三和銀行との密な関係から納得がいくし、鹿島は日商岩井にとって重要な取引先でもある。ところが清水は、それまで取引がなかったとはいわないが、その程度の薄い付き合いだ。それなのになぜいきなり本命であるべき竹中を押しのけて、四十パーセントもの最大シェアを与えられるのか。しかも旗振り役までも……。竹中は驚きとともに大いに憤慨し、即座に受注を辞退したのだった。

証拠があるわけでもない。社内の噂の単なる一人歩きである。騒ぎ立てれば会社の恥だ。

高畑は無言を保った。ただ辻への不信感を募らせたのは事実である。

その後に囁かれたヤシカ問題も、その不信感の上塗りこそすれ、軽減はしなかった。日本輸出産業の花形であったカメラメーカー、ヤシカの粉飾決算が明るみに出た。四十九年五月のことだ。こともあろうに創始者でかつ会長の牛山善三が突然、記者会見をし、

「我が社の決算に粉飾の疑いがある」

と、暴露したのである。

大株主の日商岩井は驚いた。大急ぎで常務の金子四郎を新社長に送り込む。金子は辻社長の腹心の一人、山村謙二郎専務の直系である。

高畑はそう思っている。だが引っかかるのは金子四郎の言動だ。どさくさに乗じ、裏金を要求したとかしないとか。そんなよからぬ噂が社内外で一人歩きしたのだった。

(まあ、それはいい)

真偽のほどは分からない。しかし辻の周囲にはマイナスの噂が絶えずつきまとっている。海部のことを海部商法だなんて蔑《さげす》んだ呼び方をし、陰で非難して回っているが、自分はいったいどうなのだ。

会社の売上げの伸びを見てみるがいい。海部の貢献が断トツで光っている。誰が会社を支えているか、一目瞭然だ。誰が役員賞与を稼ぎ出しているか、人に訊くまでもない。それに引き換え辻はどうなのか。自陣の備えばかりに汲々とし、社長としての務めを果たしているとはとても言い難い。

（早く入れ替えねば……）

そのことばかりが胸を去来する。あのとき、短期政権だという念押しをどうしてしなかったのか。悔やまれてならない。

それにしても辻は力をつけてきた。ビジネスとしての力ではない。派閥を操る力だ。まるで闇世界のボスではないか。ビジネスの場で堂々と戦うのではなく、場外で背後から首を絞めようとする。その性根が気に食わない。

（社長が無理なら、せめて副社長にでも海部を上げておこう）

四十九年十一月の役員会も近い。高畑はそう目論んでいた。が、辻も負けてはいない。海部を上げるなら、自派の植田三男と三浦広治専務も同時に副社長にせよと迫った。そしてさらに三人の専務昇格者のなかに、山村謙二郎も含めるよう主張したのだった。ヘビのような執念である。

高畑は不愉快だったが、海部を上げる方が先決だと考え、妥協した。

（雑魚《ざこ》はどうでもいい。後で切ればいいのだ）

だがここでも高畑は判断違いを犯している。雑魚は切れなかったのだ。むしろこれで海部包囲網体制が完成し、辻政権を支える強固な防波堤になったのである。

役員会が終わったその夜遅く、辻と植田は北新地のクラブにいた。三浦と山村も少し遅れて来ることになっている。

高級ウイスキーで喉を潤しながら、辻は述懐した。

「高畑さんも甘いよな。外には強いけど、内にはからっきし弱い」

「海部君と同じですね。攻めに強くても、守りに弱けりゃ、とても経営者とはいえませんな」

二人は同時にハハハと笑った。しかしそれは強がりの笑いであった。高畑と海部の営業能力に対する嫉妬がそうさせたのだ。そのことは二人とも気づいている。

商社で営業力が軽視されるほど、危険なことはない。売ってなんぼの世界なのである。売上高が上がらなければ、口銭も上がらない。攻めの能力を補完するために、控えとして守りの能力があるのだ。

ところがこの頃から日商岩井は攻めを軽視して、守りへと移行し始める。ビッグプロジェクトの受注を褒めるのではなく、それに絡んだダーティーな行為を声高に非難した。それでも海部らは船舶、航空機、プラント、エネルギー、不動産、車両で連戦連勝を続け、会社は発展を享受するのだ。

(海部には走らせるだけ走らせればいいのさ)

このところ辻はそう考えている。そうすれば売上げは増えるし、海部が羽目をはずす部分も多くなる。多くなればなるほど、ますます攻めやすい。

マスコミ対策も万全だ。注射はぬかりなく打ってある。世論というのは使いようによっては便利なものだ。海部たたきは日毎に勢いづいている。何もかもがうまく行きすぎるのが恐いくらいだ。

最初の頃こそ海部にぺこぺこしていた辻だが、その方針は意識的に変えた。今は余裕半分、心配半分というところか。そこまで自陣が強固に仕上がってきたということだろう。ただ高畑の存在はいまだに無視出来ないけれど、これも徐々に力を失ってきている。

先だってもそうだ。たまには高飛車に出るのも悪くない。六甲にいる高畑から、秘書経由で人事案件についてクレームをつけてきた。新総務部長任命の件である。総会屋対策をはじめ、何かと経営中枢と密接につながっている部署だ。案の定という感じで文句を言ってきたのだが、断固はねつけた。

「抜擢をして、どこがいけないのですか。年功序列の打破は私の重要な課題です」

そう秘書に返事を持たせたのだが、反論は返ってこなかった。

高畑よりも、むしろ不気味なのは海部の存在である。依然として社内に支持者が多い。とりわけ若い社員には圧倒的な人気を博している。心配半分と言ったのはそのことだ。営業実績を楯に、いずれ強引に社長の座を奪いにくるのは間違いあるまい。予測の範囲内である。

で、問題はその時期だ。早いのか、遅いのか。読みを誤らないようにせねばならない。広い社長室の天井をぼんやりと眺めながら、辻は頭のなかで思いを巡らせた。

11　植田三男社長誕生

年月が過ぎた。

早いものだ。辻良雄が社長になって、もう八年目を迎えようとしている。

フロックだと最初は揶揄されながら、よくもここまで社長業をやってきたものだと、辻はつくづく思う。この秋には満六十八を数える歳になる。

「辻社長はワンマンだ」

海部軍団は何かと陰口をたたいているが、ワンマンでどこが悪いと訊き返したい。高畑誠一だって、ワンマンではなかったのか。

そんなことを考えられるほどまで、今の辻は余裕を身につけていた。しかしその余裕はあくまで社内の派閥力学に対してであって、株主や銀行に向かっては相変わらず頭が上がらない。社長就任以来、肝心の業績が下がりっぱなしなのだ。景気の下り坂とかち合ったのが不運だった。自分ではそう解釈している。

それに人には言えないが、このところ体の調子が悪く、すぐに疲れる。根気も以前ほどは続かない。ただ、海部に対する闘争心だけはいまだに失っていない。いや、むしろ強まっている。その敵愾心《てきがいしん》というか対抗心が、まるで健康法ともいえるくらいに気持ちの張りを維持しているのだった。

（そろそろ引け時かな）

近頃、とみにそう思う。だがいったん覚えた権力の味は、なかなか忘れられるものではない。出来ることなら、いつまでもこの美味を失いたくない。

——そう。

会長のポストだ。ちょうど今は空いている。西川はというと、四、五年前に相談役に退いてしまい、ほとんど会社には出てきていない。幸いなことに三十年ほど前から引き受けている日本バレーボール協会長の方に興味が移ってしまっている。自分さえその気になれば、会長就任はいつでも可能だと、辻は思っている。

つい先週も週刊誌が面白おかしく取り上げていた。いつ辞めるのかいつ辞めるのかと、後継の社長人事に花を咲かせていた。六十七という年齢を考えれば、あながち非難も出来ないだろう。

影響力を保持したままで退くこと。難しい課題だが、これをクリアーするのが目下の大仕事である。戦場では攻めるよりも退却の方が難しい、とよく言われている。ポストは上がりであっても、実権を握ったままで院政を敷きたいものだ。

この日は日曜日だが、箱根にある会社の保養所へ昨夜から一人で来ていた。運転手には今日は自由行動にするよう命じてある。

久し振りの温泉は心地よかった。熱めの湯は体の奥にたまった疲れをすっかり癒やしてくれた。食欲も出た。今朝はご飯のお代わりをしたくらいである。昨夜は虫の音に埋もれて熟睡できた。

（この分なら、あと十年はいけそうだな）

そのためにも早く退《しりぞ》くにこしたことはない。周囲にせがまれてしぶしぶ退くのではなく、先手を打って有利な形で上位から君臨する。要は引け際の戦略なのだ。

それに、と辻はつぶやいた。去年の六月に社長に再選されたばかりで、まだ任期は一年余り残している。だからこそサプライズの今がチャンスではないのか。

あけた窓から、新緑の香りが風に運ばれてくる。辻は胸をふくらませ、ゆっくりと吸い込んだ。桜はとうに散っているが、黄緑の若葉が無数にひしめき、朝露で光っている。時々、鶯の澄んだ鳴き声が鋭く静寂を切り裂いた。

六月の株主総会まで、もうあまり時間がない。やはり決断の時期かもしれない。その思いは次第に強くなっている。ソファーに背をあずけ、熱いコーヒーに口をつけた。この部屋は幹部用に特別に用意してくれている。いつ来ても畳の青い匂いが立ちのぼり、気持ちがリフレッシュされる。

こういうことが出来るのも権力があるからだ。つくづくそう思う。年一回の株主総会さえ切り抜ければ、あとの三百六十四日は社員がやってくれる。大組織のトップというのは実に有り難い。これは恐らくその椅子に座った者だけが理解出来る醍醐味なのだろう。辻は長くも、そして短くもあったこの八年を感慨深げに振り返った。

少し本題から離れて補足すると、当時の経営環境は今日とは異なっていた。株主の立場というのはそれほど重視されていなかった。一割配当が出来れば、誰にも文句をつけられない。経営者として褒められた時代であった。とはいうものの今日でも、総会さえ乗り切ればあとはトップの自由という傲慢さへの誘惑は、変わりなく続いている。

近くでまた鶯の鳴き声が聞こえた。静けさがいっそう山の深さを思わせる。コーヒーの苦味が二度、三度と、喉から胃へ温かい線を引いて流れ落ちた。

カップを置き、ペンに手を伸ばす。次の社長候補を誰にするか……。

少し思案した後、テーブルの上に置かれたメモ用紙に、海部八郎、と書いた。副社長である。今、確か五十三歳くらいか。この男の社内での人気はすこぶる高い。実績も十分にある。高畑の力は弱まってはいるけれど、今や独力で這い上がる力を持っている。最有力だ。一歩も二歩もリードしている。

（だが）

と、辻はつぶやいた。この男は叩かねばならない。社長になれば、真っ先に自分を抹殺しにかかるだろう。そうなれば、院政どころか、相談役のポストの確約もない。

叩く方法はある。それはマスコミを通じた海部バッシングだ。インドネシアLNGや航空機にまつわるダーティービジネスを、ここぞとばかりに騒ぎ立てる。それはこれまでにもやってきたことだが、とりわけこの時期は集中的にやらねばなるまい。

海部を叩いているあいだに、他の誰かを電撃的に昇格させるのだ。で、その誰か、で実は迷っているのである。

論理的には筆頭副社長の田中正一が第一に考えられる。植田三男と同じ六十三歳だ。岩井産業出身だが、自分の見るところ、仕事の力量、人格ともに優れ、鉄鋼ビジネスのエキスパートである。社内外の人望も厚い。ジャーナリストたちもサポートしようという気になるのか、持ち上げ記事が最近、続いている。

「潔い男」だとか、「気さくで話し好き」など、海部を意識した反意的な提灯記事だ。岩井の常務時代、取引先であるサンウェーブ工業倒産の責任をとって、自ら進んで平取締役に降格したらしい。男気もある。辻は再びペンをとり、田中正一と書き、その上に二重丸をつけた。

この男が社長になった場合のメリット、デメリットは何だろう。もちろん自分にとっての損得だ。

先ずメリットからいこう。それは一も二もなく、新日鉄のバックアップが得られることだろう。田中は会長の稲山嘉寛や社長の斉藤英四郎に深く食い込んでいる。この二人も田中を後押ししていると、そんな噂が巷に流れて久しい。もともと日商が神戸製鋼なのに対し、岩井産業は八幡製鉄が顧客であった。

田中を社長にすれば、自分は会長として、天下の稲山嘉寛や斉藤英四郎に近づくことが出来る。後々、自分の将来に大きなプラスとなるに違いない。

第二のメリットとして、田中は着実に業績を上げそうな気がする。それはとりもなおさず会長としての自分の業績でもあるのだ。安定した会長報酬の保証にもつながるのである。この経済的魅力は大きい。院政の権力と、実利としての金力の保持をさらに十年続けられることを意味する。こんな魅力的な筋書きはない。

それに第三のメリットもある。それは社内にはびこる日商系対岩井系派閥の暗闘に、終止符を打てることだ。合併以来、岩井系社員は何かと割をくい、不遇をかこっている。それは否定しない。海部対反海部の戦いだけでも大変なのに、岩井系をも巻き込んだ三つどもえのお家騒動が、日商岩井では八年間も続いてきた。

「まるで応仁の乱だよな」

そんな自嘲気味な社内の声が、社長の自分の耳にも届く。こういった混乱に終止符を打てるチャンスが今なのだ。岩井系は歓喜するだろうし、この機に乗じ、彼等を自分の反海部派に取り込むことも出来る。そうなれば一気に海部の息の根をとめられるのだ。会長職にも安心して就けるというものである。

(やはり田中が無難なところかな)

辻はそう独りごちた。

辻の習性として、物事を常に自分の利害にからめて判断するところがある。公である社長職の遂行も重要だとは承知しているが、どうしても選択になった場合には私的な利害の方をとる。ここでもデメリットの検討に移ったとき、結局、ああだこうだと迷った末に田中を切っている。

その切った理由だが、最大のデメリットは田中への嫉妬であった。

（しかしこの男は出来すぎる）

攻めにも守りにも強い。いったん城を築いたら、これ以上手強い人物はいないだろう。当初は院政が敷けても、そのうち自分を切ってくる可能性がある。あるというより、そうするに違いない。人格が変わるからというのではない。彼の場合、会社発展を願う強い気持ちから、目障りな組織のシャッポを切り落とす。ただそれだけのことである。

（その意味では、まだ海部の方がやりやすいかもしれんな）

守りに弱い海部が相手であれば、罠を仕掛けたり足を引っ張ったりするのも、そう困難なことではない。現にこの八年、綱の引っ張り合いをしながらも、自分は無傷でどうにかやってきた。排除すべきはむしろ田中の方かもしれない。

そう思うと、辻のなかで次第に田中への嫉妬と憎しみが込み上げてきた。つい先週、常務の森下茂生から聞いた話だが、岩井系社員のあいだでは、田中社長誕生を先取りした前祝いが連日開かれているという。

「田中副社長を励ます会」や果ては「社長にする会」と銘打った宴会が、ここにきて銀座や赤坂で急に行われ出したらしい。田中自身はいっさい顔を出していないというが、知らないはずはなかろう。背後で糸を引いているとは思わない。しかし支持者たちのその熱気には何か不気味なものを感じる。

だからといって、海部にはしたくない。その芽を考えることさえ不愉快なのだ。

（すると……）

と、辻は小さくうなずいた。

植田である。同じく副社長の植田三男の芋虫のような顔がまぶたに浮かんだ。しかしすぐに頭《かぶり》を振った。

（あれはとても社長の器ではないわ）

落胆ともつかないため息が洩れた。単なる事務屋ではないか。忠実な部下ではあるが、今はニューヨーク店へ英語の勉強に放り出している。アメリカへしょっちゅう出張する海部の目付も兼ねて、一年半ほど前に出したのだ。

同じ鉄でも、田中とはスケールが違う。新日鉄対神戸製鋼の格の違いか。真面目で地味だけが取り柄《え》の男に社長だなんて、考えるだけでもどうかしている。英語もほとんどしゃべれないというではないか。日本語でさえ、語尾がはっきりせず、何を言っているのか分からない時がある。それに残念なことだが、こと商売ともなると、海部が一頭地を抜いている。

では、田中か海部か。いやいや、海部はあり得ない。かといって、田中もない。辻の頭は混乱した。堂々巡りを繰り返した。

この時点で辻が最も社長にしたかったのは実は常務の森下茂生だった。だが森下は海部と同期で、出世も海部よりはるかに遅れている。そんな人物を、自分が社長になる時に借りのあった海部より先に選ぶことはとても出来ない。

（それならワンポイントリリーフの社長を選べばいい）

その後で森下をもってくるのがベストなシナリオではないか。辻はようやく目の前に明かりが見えた。

そうと分かると、むしろ愚鈍《ぐどん》な植田が望ましい。どうせワンポイントだし、その間にがっちりと院政を構築すればいい。

ただこの場合、暴れん坊の海部をどう押さえ込むか。これもやりようだろう。植田にも何人かの腹心の役員たちがいる。自分の閥と一緒に力を合わせれば、十分に対抗出来る。辻、植田連合の結成だ。但し植田にはこの一連の筋書きを十分に言い含めておかねばなるまい。

植田の後始末はその時点で考えればよい。副会長に祭り上げるとか、それとも一気に社外に放り出して、子会社の社長で出すのもいいだろう。これは自分の腹のなかにしまっておけばいいことだ。

辻は再びメモ用紙に手を伸ばした。田中を消し、その横に森下茂生、植田三男と並べて書いた。そして森下の頭には三角印をつけ、植田には二重丸をつけた。

（さて問題は新日鉄だな）

田中切りをどうやって新日鉄に伝えるか。怒らせてはならないのだ。

だが知恵がないことはない。植田も同じ鉄の男である。新日鉄にもそこそこ顔が売れている。田中ならよくて植田は駄目だ、という新日鉄側の弁明は苦しいだろう。そう考えると、明かりが見えてくる。ここはむしろ一気に植田擁立の方向へ追い込むのが肝要である。

そして稲山嘉寛と斉藤英四郎には、

「田中には副会長のポストを用意し、大所高所からの意見を述べてもらおうと思っています」と、後で説明するつもりだ。ただ日商岩井の社内派閥のことには触れる気はない。少数派の岩井系から社長が出たら、多数派の日商系が黙ってはいまい。そうすれば混乱が起こる。これは十分に理由の一つにはなるが、恥になることをあえて話すことはないと考えた。

それにしてもこのところ、新日鉄名誉会長の永野重雄に接近していたのは正解だった。数ヵ月前にゴルフ接待をしたが、こんなに直ぐに役立つとは思わなかった。富士製鉄出身の永野は、八幡製鉄出の稲山らとは芯のところでは対抗し合っている。永野との良好な関係はいい牽制になるかもしれないと、我ながら自分の先見の明に気をよくした。

この時点で、辻はもうほとんど高畑の影響力を危惧していなかった。時々、思い出したように六甲から秘書経由で注文をつけてくるが、無視を続けている。がそれに対し、とりたててクレームも返ってこない。社内への力だけでなく、体力自体の衰えをも感じさせた。事実、高畑はこの一年余り後、九十一歳でひっそりと他界したのだった。

一方、海部はどうかというと、彼は連日のように非難の火の粉が身に浴びせられ、振り払うのに忙しい。マスコミ対策が効を奏している感じで、環境が整いつつあると判断出来た。

しかし箱根から戻った辻は、まだそれからも二、三日のあいだ、この結論でいくべきかどうか迷っていた。いきたいという気持ちの背後で、何か躊躇させるものがある。それが何なのか分からないまま時を浪費した。そんな優柔不断な自分が情けなくもある。誰かに背を押してもらいたい気持ちになっていた。

その背押し役が現れたのは三日目の午後だった。ふと思い当たるところがあり、秘書に命じて最近の週刊誌や業界紙を急いで集めさせた。

丹念に目を通す。やはり田中が優勢のように書かれている。

だが確実に社長交代が行われるとは、どこも断定していない。当然といえば当然だ。まだ任期途中なのだから。及び腰の推測を広げているだけなのが行間に滲んでいる。確信がないのだ。世間はまだ自分が辞めるかどうか、半信半疑の域から出ていない。ここに世間の油断がある。そう、あえて油断と言ってもいい。ためらいがある。

（この油断こそが武器なのだ）

辻は新しい勇気に後押しされた気がした。意表をつく、とまでは言えないが、先制攻撃こそが勝てる道である。

（勝つ？　いったい誰に？）

それは海部八郎だ。そして数歩下がって、田中正一である。社内外での彼等の動きが出る前に、一気に打って出るのがいい。

辻は決心した。植田でいくことにもう迷いはなかった。

その夜、遅くまで会社に残った。もう十時が近い。予報では雨の前線が近づいているようだ。星は見えない。窓の外の向こうには、日枝神社の黒々とした無言の森が広がっている。その右には隣接したヒルトンホテル（後のキャピトル東急）の華やかなライトが、上空の闇を突き刺す太い線のように白く照らしていた。

秘書室長は気を遣い、用事もないのにこれまた別室で待機している。あまり話しかけてこない。さすが秘書室長だ。社長の気持ちを敏感に察しているのかもしれない。

（顔色にでも表れたのかな）

辻は苦笑した。出前でとってくれたにぎり寿司に箸をつける。旨い。箱根以来のおいしさだ。

植田がこの日、ニューヨーク店に出社することは、事前に秘書に調べさせてある。出社し次第、日本へ電話をするようにと、秘書経由で命じてあった。

電話が鳴った。辻はちょっと緊張したが、急いで箸を置くと、喉のものを飲み込んだ。時間帯からみて、植田に違いない。ひと息吸って、受話器を上げた。

「もしもし、辻ですが……」

「あ、社長。植田です。遅くなって申し訳ありません」

「いやいや。で、どうですか、調子は……」

調子というのはアメリカでの海部軍団の動静である。植田は整理してあったのか、要領よく報告をする。情けないことに、これが植田の主要業務であった。

一区切りついたところで、辻が本題に触れた。意外に冷静に戻っている自分に驚いた。

「一つ君に頼みたいことがあるのだけどね」

「は？　頼みたいこと、とおっしゃいますと？」

辻は一呼吸置いた。

「他でもない。うちの社長なんだけど。君にやってもらえるかな？」

「は？　何ですか、社長。もう一度……よく聞こえないんですけども」

植田のあわてる様子が伝わってくる。クリーンなだけが取り柄の平凡な人物なのだ。辻はなぜか意地悪したいような気持ちに急に誘われたが、かろうじて思い直した。

（大事な卵やないか。これからふ化させて、自分好みに育てねばならないのだぞ）

辻はもう一度、今度はゆっくりと同じ台詞を繰り返した。

「いや、君に社長をやってもらいたいと思ってるんだ」

「はあっ？……」

悲鳴を思わせる声だ。植田は絶句した。心臓の音が聞こえてきそうなくらい、動転している。辻は聞きながら、八年ほど前の情景をきのうのように思い出していた。西川政一から指名を受けた日のことだ。あの時も腰を抜かすほど驚いたが、今の植田も同じなのだろう。社長など、想像さえもしなかったはずだから。

「そう。日商岩井の次の社長です。この六月の総会で就任していただきたいと思いましてね」

「はっ？　私が、ですか。こんな私でいいのですか」

恥も外聞もない。その声は数オクターブ飛び跳ね、興奮で震えている。

「もちろん君ですよ。君をおいて他にはいない」

「冗談じゃないのですね。本当なのですね、社長」

そう念押しし、はあ、と深いため息を洩らした。そして次の瞬間、歓喜に圧倒されたように、またもや上ずった声で叫んだ。

「有難うございます。本当に有難うございます」

「ま、私は会長にでも退きますよ。いずれにしても、君とじっくり話したいのでね。出来るだけ早く帰国してくれませんか」

「はい。明日にでも飛行機を見つけます」

辻の気が変わらないうちに確かめておきたい。そう考えているのが耳から伝わってくる。

「まあ、そう急がなくても……」

「いえ、大事なことですから……。すぐに参ります」

辻はこのとき、田中の副会長昇格と海部のことには触れなかった。膝を交えてじっくりと言い聞かせるつもりでいる。この男には存分に恩を売っておかねばならない。

その後、すべて辻の思惑通りに進んだ。役員会で新人事がすんなりと決定され、あとは株主総会の承認を待つだけである。

ただ気がかりな点が二つあった。一つは新日鉄に筋を通しておかねばならないことだ。事務方にはこちらの役員から説明済みだが、社長の出番も必要である。辻は前もって役員会終了後に稲山嘉寛を訪問するアポイントを入れていた。

「社長、ご承知と思いますが、新日鉄のあとのホテルオークラでの記者会見は午後四時からですから」

新日鉄へ出かける辻を前に秘書室長はしつこく念を押す。昭和五十二年五月六日午後のことである。

呉服橋にある黒色の新日鉄ビルに着いた。いつ見ても重厚で威厳に満ちている。薄暗い地下駐車場に音もなく吸い込まれる。

稲山はさすがに大物らしく、苦言やきわどい質問はいっさいしなかった。後半は天下国家を話題にのせ、不得手で小心な辻は緊張のあまり命が縮まる思いがした。汗がびっしょり背中を濡らしている。記者会見の四時が近づいてきても、こちらから切り上げる勇気はとてもない。気ばかりが焦る。ほうほうのていで新日鉄本社を去ったのは、四時まで残り十分ほど前のことだった。

車を飛ばした。会見場がある赤坂のホテルオークラ近くまで来たとき、急ブレーキがかかる。辻はつんのめりそうになって思わず運転手に怒鳴った。が窓の外を見ると、警官がところどころにバリケードを築き、物々しい警戒で騒然としている。後で分かったことだが、ちょうどこの日、成田空港の鉄塔が撤去された。三人の中核派がこれに抗議して、近くの新東京国際空港公団事務所に乱入したのだという。

辻は腕時計に目をやった。すでに四時を回っている。渋滞でなかなか車が進まない。舌打ちをするたび、運転手が無言で体を縮めた。

オークラに着いたとき、定刻の四時から二十分ほども遅れていた。汗びっしょりだった。

（ろくなことがないな）

まさにその通りで、会見が始まると、記者たちからは厳しい質問が相次いだ。

「合併会社だったら、どうして次は順番に旧岩井側から社長を選ばなかったのか」

「航空機輸入で囁かれている政界との疑惑をどう考えているのか」

「社長在任中に木材や砂糖の問題で国会に喚問されたが、その責任を逃れるために退任するつもりなのか」

等々である。

ある程度予想はしていたものの、いやな最後の儀式であった。何だかこれからの会社と、そして自身の運命をも暗示するような不快なものだった。

事実、辻は植田の策略で、それから二年ほど経った昭和五十四年四月の取締役会において、強引に日商岩井会長の座を追われている。このとき海部も副社長から平取締役へ引きずり下ろされたのだった。辻が抱いた十年の会長の夢は、あえなく二年で消え去った。

さて、もう一つの辻の気がかりは銀行である。日商岩井のメインバンクは三和銀行だが、鈴木商店時代からの縁で、第一勧銀とも関係が深い。最近、その一勧が妙な動きをしているというのだ。頭取の村松周三がそれとなく海部を社長に推しているらしい。

（まあ、これはカタのつく問題だろうけど……）

三和派対一勧派という日商岩井の社内対立は仕方がないとして、それほど深刻には考えていない。ただ一勧を無視するというのも得策ではなく、役員会の数日前に手を打った。三和の役員から一勧に先に話を通してもらい、その直後に一勧を訪れて仁義を切っておいた。

後日談だが、辻が社長指名の電話を終えた直後の植田の様子のことだ。辻は又聞きで後にそのことを知り、

（どうせその程度の人物さ）

と、満足そうに鼻を鳴らしながら、軽蔑の混じった薄笑いを吐き出した。

植田はほとんど蒼白の表情で部屋からさまよい出ると、近くにいた秘書役をつかまえ、うわごとのように言ったという。その秘書役はつい最近、本社人事部からニューヨークへ赴任してきていた。

「いやあ、えらいことになったよ。どうしよう。今度、社長になってくれって、今、辻社長から言われたばかりなんや」

12　辻・植田連合

　昭和五十二年六月、新しく植田三男社長が誕生し、辻良雄は希望していた会長のポストに退いた。社長就任時、植田は評論家の内橋克人と対談をもち、週刊サンケイ「経営者ズーム・アップ」欄でこう語っている。

「予想もしないことが起こってしまい、もうドギマギするばかりでねえ。私もすでにええ年ですし、もっと若い人にやってもらってもいいはずなんだが……」

　前半の一行は正直に心情を語っている。確かに予想もしなかったに違いない。あのとき辻が私利の誘惑に負けず、真の経営者としての判断を下していれば、植田の芽は毛頭なかった。運は大いに植田に味方したのである。

　その運のよさは実はもう十年以上も前から始まっていた。昭和四十三年の岩井産業との合併がそれだ。当時、植田は常務取締役名古屋支社長のポストに就いていた。日商の慣例として、名古屋支社長は一丁上がりのポストである。平たく言えば、そこでクビなのだ。植田もそのつもりでいたし、サラリーマンとしての上昇欲もいい意味で萎《な》え、比較的平穏な心境にあった。

　ところが八幡製鉄の商権を有する大手鉄鋼問屋岩井との合併は、突如、新生日商岩井の鉄部門を日向《ひなた》へ引っ張り出すことになる。新日鉄名古屋製鉄所を抱えることになった植田の名古屋支社は、一気に売上を増やしたのだ。鉄の責任者である植田は否応なく脚光を浴び、重責を担うこととなる。その瞬間、期せずして上がりのポストが霧消したのだった。

（いやあ、こんなこともあるものだ）

植田は己の運命の不思議に驚き、感謝した。もし岩井との合併がなければ、ほどなくどこか鉄関係の子会社の社長にでもおさまって、余生を消化する運命に入っていただろう。それがいきなり社内の注目を浴びるポストに早変わりしてしまった。人の行き先なんて分からないものだ。そう思うと、萎えていた欲が再び頭を持ち上げはじめ、会社に執着する気持ちが厚い黒雲のようにむくむくと胸に広がった。

そして現実にはその後、大いに植田は生き延びたのである。代表取締役社長にまで昇格し、長く王者として君臨することになるのだ。運はどこまでも植田に味方した。しかしそれは日商岩井にとっては運どころではない。辻に次ぐ第二の悲劇の序章であった。いや辻よりももっと悪い悲劇が待っていた。

辻から社長のバトンを受け取ったとき、植田はこんこんと言い聞かされた。とある赤坂の料亭の離れで辻の盃を受けながら、喜びと感謝の思いに浸っていた。

（たとえ短命であってもいい。満足だ。社長という組織の最高峰に上りつめることが出来たのだから）

植田は心からそう思った。これ以上の従順さを示せないというふうに、何度も頭を下げ、素直に忠誠を誓った。この時の思いに偽りはない。そして場合によっては、海部と差し違えて退任する覚悟もあることを進言した。辻の心中を読んで、自ら進んで申し出たのである。辻は安堵と喜びを隠すようにわざと表情を引き締め、ぎこちない動作ながら、鷹揚にうなずいた。

「よく言ってくれました。でも、差し違えになる前に決着をつけなくっちゃね」

「そうありたいですね。まあ、ボーイングといい、インドネシアといい、海部君の回りは、もうマスコミで包囲されています。身動きがとれません」

「それにしても森下君がよくやってくれているよな。いずれ海部君は自滅するだろう。今のままでいけばね」

「でも彼には一勧の村松さんや新日鉄の永野さんら、財界の大物応援団がついていますからね。それに、相変わらず商売が上手ですわ」

「それがつらいところだな。しかしきっと墓穴を掘るよ」

「なるほど、その時は私の出番ですね。社長の私が責任をとって辞めると言えば、ヤツも一緒に辞めざるを得ないでしょう」

それでも構わない、と植田は思った。またそうなるという確信めいた予感もしている。

「腕力のある男だけに、用心は怠らない方がいいだろうね。私と君のグループとの二枚重ねで攻め立てれば、何とか軍団には勝てるさ」

「ぜひそうしていただきたいと思います」

植田は改めて頭を下げた。その根底には、辻の助けなしにはとても海部に太刀打ち出来ないという自信のなさがあった。ともかく商社世界での海部の勢いは止まらない。例えば海部が管掌する船舶部門だけをとっても、昭和五十二年度の売り上げは四千二百億円で、これは総合商社第一位である。続いて三井物産が二千七百億円、三菱商事二千六百九十一億円、伊藤忠千八百億円となっている。そこへ航空機などが加われればと、考えるだけでも植田にとっては恐怖に近い不快さだ。海部の行くところまさに敵なしなのである。

少し脇にそれるが、その頃、丸紅のロッキード事件の裁判は終幕を迎えていた。ことの起こりはこうだ。それをさかのぼる昭和五十一年二月四日（一九七六）、米上院外交委員会の多国籍企業小委員会（チャーチ委員会）が衝撃的な事実を暴露したのだった。ロッキード社が日本への航空機トライスター売り込みのため、三十億円以上の工作資金を使っていたと、突然発表したのだ。

日本国内は大騒ぎとなった。いったい誰がその金を受け取ったのか。

次々と事実が明らかとなり、六月には全日空へ売り込みを図っていた丸紅の専務伊藤宏が贈賄《ぞうわい》で逮捕された。続いて七月に全日空の取締役藤原亮一と社長の若狭得治、そしてその月の二十七日には時の首相田中角栄までもが逮捕されたのである。容疑は五億円の受託収賄罪と外為法違反であった。結局、田中角栄は七年後の五十八年十月に懲役四年の実刑判決を受けるに至るのである。

「航空機ビジネスには裏金が動いている」

マスコミは連日そのことを書きたてた。当然のごとく海部にも火の粉が飛んできた。航空機にLNGと、海部の華々しい活躍を支える強烈な商法が声高に非難された。そこには海部も驚くほどの詳細情報が流れている。

その騒ぎは日商岩井社内でも同様だ。海部は防戦のため、ただでさえ忙しい時間を割かねばならなかった。ビジネス活動と自己防衛の両面作戦をしいられたのである。そしてやがて海部が関与するグラマン事件が勃発するのだが、それは田中角栄逮捕から二年五ヵ月ほど後のことだった。

ここで若干、なぜアメリカ政府が突然、ロッキード疑惑を暴露したのかについて触れてみる。なぜなら海部八郎が関わるグラマン事件の時も、アメリカによる突然の暴露が発端だったからである。両事件は不思議に共通した震源をもっている。

当時、米政府、とりわけニクソン大統領の補佐官であるキッシンジャーは、日本の首相田中角栄を、自分たちの国益に反する危険分子とみなしていた。田中はそれに先立ち昭和四十七年九月（一九七二）に日中共同声明に調印し、中国との国交回復を成し遂げている。アメリカはその年の少し前の二月に米中共同声明を発表していたが、実際に中国と国交を樹立したのはかなり遅れた五十四年一月のことだった。日本の後塵だ。面子を潰されたと思った。この日中国交回復の先走りだけでもアメリカは不愉快なのに、田中はさらに独自の資源外交を始めていたのだった。

田中は資源確保こそが日本の将来を決めると考えた。資源のない加工貿易で生きる日本にとって、安定した資源の確保が如何に重要か。内閣総理大臣として、この点にこそ全力を傾注せねばならないと結論づけていた。

今日から見れば極めて卓越した洞察ではないか。明治維新の激動期を除き、これほどの傑出した政治家がかつて日本にいただろうか。田中は断固、決意していた。その戦略のもとに、イギリスの北海油田やソ連のムルマンスク天然ガス、中国の油田、そして原発用ウランの入手など、アメリカを頼らない自力で生きる道に歩き出していた。

たとえばこのウラン。田中は南アフリカ政府との強いコネをもつ或る総合商社社長とひそかに会い、特使とその社長に南アフリカのナミビアを訪問させている。彼らは極秘裏のうちに出張し、相手の要人と接触したのだが、実はその洗いざらいがアメリカのCIAに筒抜けだった。ナミビアに限らずCIAは、資源外交で世界を駆け回った田中の行動を一部始終、監視していたのだった。スパイは世界中至るところに放たれていた。

このCIA報告を受け、アメリカのメジャーオイルは危機感を募らせた。自分たちの牙城が荒らされるからである。石油と原子力のエネルギー市場は自分たちの城であり、庭なのだ。アメリカこそがエネルギー市場の世界の覇者でなければならないのに、そこへ成り上がりの日本が横槍を入れてきた。とても放置出来るものではないと考えた。田中は遂にアメリカの「虎の尾」を踏んでしまったのだった。

「カクエイ・タナカを潰せ」

アメリカは直ちに行動に出た。産業と政府が一体となり、なりふり構わず攻勢をかける。「ロッキード社の秘密会計文書が、誤ってチャーチ委員会に送られてきた」

そんな信じがたい口実を掲げ、唐突に暴露戦術に出たのである。ロッキード本社が自社のワシントン事務所宛に送った膨大な内部秘密資料が、チャーチ委員会へ誤配されてきたのだという。これほど重要な資料がどうしてこともあろうにチャーチ委員会に、しかもいきなり送られることなどあり得るのだろうか。誤ってとはいうけれど、大いなる不自然さがある。さらにワシントン事務所宛の封書を、その名前の確認もせずに一方的に開封するというのは何とも不思議議である。しかしそんなことはニクソン政権にとってはどうでもいい。ともかく一刻も早く暴露し、田中を潰すことが国益にかなうと判断したのだった。

百歩譲って、もし田中が裏金を受け取ったとすれば、それ自体は非難されて然るべきだろう。当時の自民党有力政治家は派閥維持のために金がかかった、というのは言い訳にはならない。誰もがやっていた、ということも言い訳にはならない。

しかし、日本の将来を考えて行動した一国の熱血首相が、それがもとでアメリカの不興と怒りを買った。そして外為法違反の名のもとに、五ヵ月も経たない猛スピードで逮捕され、四年の有罪判決を言い渡されたのだった。ここにはアメリカの作為に満ちた強い意思が働いていなかったと、誰が断定出来ようか。

しかも驚くべきことは、はるか後年になってから、田中はロッキード社から一文も金銭を受け取っておらず無罪だった可能性が極めて高いことが、田原総一朗の著書「戦後最大の宰相田中角栄」（平成十六年）で詳細に暴かれた。その中で田原は「ロッキード裁判については、田中はシロだ」と明言している。

それはそれとして、アメリカの作意についての有力な証拠の一つが近年明らかにされた。米シンクタンク「国家安全保障公文書館」が情報公開法に基づき入手したホワイトハウスの極秘文書がそれである。昭和四十七年九月の日中共同声明の直前である八月三十一日、不穏な動きなどつゆとも知らない田中首相は、国交回復のいきさつ説明と他の案件も兼ね、ハワイでニクソン大統領と首脳会談をもった。大統領補佐官だったキッシンジャーはその日、政権内の内部協議で日本人をさげすむジャップという言葉を使って、不信感と敵対心を露にしている。

「信頼できないすべての者のなかで、ジャップが他にぬきんでている」

と中傷し、続けて「鶴見清彦外務審議官が私にひそかに会いたいと言ってきたが、会わないと伝えた」と肘鉄を食らわせたことを忌々しげに語っているのである。そのことが明確に公文書として記録されている。キッシンジャーと時の大統領ニクソンは、そのときすでに田中角栄を潰す戦略を練っていた。そう考えるのが自然ではなかろうか。そうでなければ、こんなジャップという蔑視《べっし》語は出てくるはずがない。

さらに平成二十二年二月に明らかになった米公文書によると、事実が暴露されるや直ちに、時の中曽根康弘自民党幹事長は米国大使館に接触し、

「もし裏金を受けた高官名リストが公表されると、日本の政治は大変な混乱に投げ込まれる

……この問題をもみ消すことを希望する」

と、政府の意思を伝えている。アメリカは慎重に検討した末に、高官のリストは公表せず、宿敵田中角栄だけを槍玉に挙げて収束したのだった。目的を達したのである。

逮捕された田中はその後、心ならずも病に伏せ、平成五年、失意のまま七十五歳で世を去った。この田中が受けた仕打ちは、ある意味で海部が受けたものと似通ったところがある。海部のグラマン事件も突然SEC（米証券取引委員会）によって暴露され、そして同じく外為法違反で処罰されている。田中角栄が時の覇者アメリカの怒りを買ってまでも国の将来のために働いたのと同様、海部八郎も不道徳とは知りながら、会社のために死に物狂いで働き、その結果、無情にも切り捨てられた一人だったのだ。

マスコミも含めて世間というものは、時の巨大すぎる人物の評価を、それが巨大すぎるために往々にして間違うものだ。前の世界大戦を主導したヒトラーや東條英機を熱狂的に支持したかと思えば、時を経て、田中角栄や海部八郎は、その付加的なアンモラルな行動のみが異常に強調された。その挙句、たとえ外為法違反等であれ、世間から犯罪者の烙印を押されて今日に至っている。裏に隠された大きな作為の存在にはいっさい触れられることなく、汚名だけが生き続けている。

蛇足ながら、この二人の運命にはもう一つの共通した点がある。田中は小学校しか出ていない。一方、海部も名門の家柄でもなければ、有名な父をもったわけでもない。東大も出ていない。共に二人は自力で環境を切り開き、前進し、敵に向かわねばならなかった。それが二人をいっそう鍛え上げ、強くした。その類いない強さが結局、他者の嫉妬と反発を買うこととなり、不幸な結末を招いたと言えるのかもしれない。

さて、日商岩井丸は動き出していた。植田は社長に着任早々、辻と相談している。仕事についてではなく、海部対策に関してである。このことしか二人の頭にはなかった。そう言っても過言ではない。場所はあろうことに辻がいる会長室だ。大輪のランの花が窓辺に置いた花瓶に活けられ、強い芳香を放っている。辻の部下がシンガポールへ出張した時に、土産に買ってきたのだという。

植田はおもねるようにランの香りを褒めたあと、本題に入った。

「まあ、商売の方はご安心下さい。何とかやっていけるでしょう。私が担当していた鉄は、口銭ビジネスですからね。利益は小さくても安定しています」

「機械やエネルギーは放っておいても海部君がやってくれるからね」

「それもダーティーという汚名の代償を払いながらですよ。バカというか、有り難いことですわ」

植田は芋虫に似た顔の鼻の両側に細かい皺を寄せ、にっと笑った。そして膝頭を手指で神経質そうにたたきながら、

「私としては先ずは海部たたきをどうするか。これに全力を注ぎたいと思っています」

と言って、辻の同意を待った。

辻にも異存はない。むしろこうして社長からお伺いをたててくれることに喜びを感じている。これで名実ともに実力会長になったのだと、心地よい実感を噛みしめていた。威厳を過剰にならない程度に態度に滲ませて、ゆっくりと二度ばかりうなずいて同意を示した。

「で、作戦だけど、海部君はこのまま泳がせるとして、周りをどうするかだろうねえ」

植田は小さく膝を打った。

「実は私もそれを考えていました。海部軍団のなかで一番目障りなのを、早速、どこかへ飛ばしてみたらどうでしょう」

「先ずは塩田と中谷かなあ」

機械部の塩田淑人と建設部の中谷直喜である。

「でも海部君は抵抗するかもしれませんねえ。両手を失うみたいなものですから」

「そのためにも、二人のポジションは上げておいた方がいいのかな」

「かといって、ニューヨークやロンドンは外したいですからね」

ところが予想に反して、海部は抵抗するどころか、あっさりと異動を承諾したのだ。塩田は南部ラテンアメリカ支配人に、そして中谷はジャカルタ事務所長として赴任することが決まった。

海部と当人たちの同意を得た夜、辻と植田はいつものように築地の寿司屋で祝勝の盃を交わした。赤坂近辺はひょっとして社員と出会うかもしれず、築地の辺りでもわざわざ辺鄙なところの店を二人用に開拓していた。最近はここを利用するようにしている。

「案ずるよりも産むがやすし、ですかなあ。案外、海部君はバカだったね」

辻はそう言いながら、上機嫌で植田の盃に酒を注ぐ。植田はかしこまった姿勢でそれを受け、ひとなめしてから上目遣いに言った。

「バカというより、自信過剰じゃないでしょうか。自分一人で何でも出来ると……」

「ふうむ。それもあるけれど、彼はちょっと変わっている」

辻が腹心の森下茂生に探らせたところ、海部はむしろチャンスだくらいに捉えたらしい。市場としてのブラジルの将来性と、エネルギー供給地としてのインドネシアを押さえることで、商社としていっそうの地盤の確立を図れると睨んだという。辻はそう説明して、あきれたといわんばかりに首を二、三回横に振り、また続けた。

「自分の地位が危ないというのに、のんきな男だよ。火の粉を払う方が先だと思うけどね」

しかし心中では別のことを考えていた。商いにかける海部のほとばしるような熱情に、激しい嫉妬を覚えるのだ。愚直なまでの純粋さに、とでもいおうか。

(あの男は自分にないものを持っている)

それが辻にとっては恐いのだ。だからこそ植田を使って早く抹殺したいと願っている。植田はふーっとタバコの煙を脇の方へ吐き出すと、あきれるように言った。

「のんきな性分もあるのでしょうけど、それよりも、たぶん次の社長は自分の番だ、と確信しているのかもしれませんね」

それが困るのだ。商社は売上の多寡《たか》でランク付けが決まる。誰がそれに最も貢献しているか。衆目はごまかせないものだ。

「それは言えるだろうね。森下君にもハッパをかけているけど、君の方でもマスコミ対策をよろしく頼むよ」

「もちろんです。ともかく軍資金の捻出には知恵を絞っていますから」

その軍資金であるが、近頃、植田には少し気になることがあった。合法的な捻出、つまり交際費の増額については問題ない。社長が決済すればすむことだ。が、裏の捻出が知恵の出しどころで、これがそう自由にいくものではない。どうしても経理部の知恵を借りざるを得ないのである。

ところがその経理の最高責任者である副社長、山村謙二郎に何となく傲慢さが出てきた。このところちょっとしたことで対立することが多いのだ。辻の古巣である木材部や海部には山村はこれまで通り協力しているというのに、自分にはどうしてこんなことでいちいち文句をつけるのか。誰が社長かというのを忘れているとしか思えない失礼な振る舞いだ。

先日も香港経由のマネーロンダリング（資金洗浄）をしたいと言ったところ、そのことで言い争いになった。辻のためなのか海部のためなのかは分からないが、先約があるのでその線は使えないと言う。もちろん植田と山村の本人同士は顔を合わせていない。すべてが部下経由での交渉である。

山村とても同じ志をもつ辻会長派の一員のはずなのに、どうも社長である自分に対する協力が欠けている。

（この俺を軽く見ているのかな）

それとも山村自身が次の社長を狙っているのか。そんなふうに考えると、小さなことだが、次々と思い当たることが出てきた。

たとえばこの前の不動産案件がそうだ。海部の独走を防ごうと、会議の席で自分は否定的なニュアンスで海部に質問した。すると山村が横から口をはさみ、海部の土地買収提案の弁護を買って出て、おやっと思ったものだ。

いや、自身の社長昇格ではなく、むしろ海部社長誕生の方へ鞍替えしたのかもしれない。まさかとは思うが、その可能性はある。それにしても早業だ。辻に見切りをつけて、節操もなく自己の利益を優先させたのか。

（どちらにしても山村は味方ではない）

植田はそう結論づけたのだった。

だがそのことは辻には伝えていない。その代わり、別の手を使って山村を追い出す策謀に出た。いつも海部に使っている手だ。ただ今回は部下にやらせるのではなく、自分で引き出しの奥から名刺の束を取りだした。そのなかから一枚の古びたジャーナリストの名刺を抜いた。山村は職務柄、いい悪いは別として、金の動きに精通しすぎている。知りすぎた男なのである。日をおかず、植田は神田駅近くの喫茶店でその男と会った。

ほどなくして効果は現れた。しかもそれは決定的な効果だ。仕事をしていても山村の様子がどこかそわそわしている。落ち着きがなく、不安げに見える。

（少し薬が効きすぎたかもな）

やりすぎたかという思いもせぬではない。がこれで将来の災いの種が消えるかもしれないと思うと、何だか鼻歌でも歌いたくなる気分である。今ではそんな山村の顔を見るのが楽しくさえなった。

その後も素知らぬ顔を通していたが、秋も深まったある日、突然、辻に呼ばれた。困った様子なのがその目のくぼみに刻まれている。察しがついた。

「実はきのう山村君が辞意を申し出てきてね。慰留はしたんだけど、決意は固いらしい」

「ほう、辞意を？　それはまた急な……」

植田は射るような観察の視線を一瞬、辻に突き刺した。筋書き通りである。

「どうも体の調子が悪いらしいけど、見たところ健康そうなんだけどなあ。十日ほど前にも一緒にゴルフをしたばかりだよ」

「…………」

植田は無言であった。それは山村辞意に対して暗黙の受諾を意味したつもりである。

（また一人が消えた……）

握った右手の小指を無意識のうちに小さく動かし、数をかぞえていた。

十二月に入り、木枯らしが吹き始めたころ、突然、山村が「健康上の理由」ということで取締役副社長を退任した。そして大阪にある日商岩井不動産の社長として転出したのだった。

いろんな憶測が社内外で流れたが、植田は気にしない。

（これで終わった。今度こそは森下と井川を昇格させられるな）

去年の役員会での情景を思い出しながら、満足そうにつぶやいた。

あの時の悔しさはいまだに忘れられない。両常務を専務に昇格しようと提案したのだが、海部が真っ向から反対した。すかさず山村が海部を側面的に支援し、結局、流された経緯があった。

社長就任以来、植田が終始、取り組んできたのは仕事でも何でもない。海部たたきと自派軍団の増強だった。意図通り、五十三年六月には森下茂生、井川道直の専務昇格を成し遂げている。ただ森下は味方ではない。辻の懐刀だ。辻の強い意向を押し切れず、妥協する形で昇格させた。

加えて、というよりもその上のポジションだが、自分に忠誠を尽くす専務の近藤鳩三も社長補佐担当として副社長に上げることが出来た。近藤は三十一年に白洋貿易を吸収合併した時に日商へ移ってきた人物だ。この昇進により、近藤の配下にいる小泉栄一や池田宗吉をも取り込むことに成功したのだった。

そしてそれより以前であるが、先の社長就任時には辻を説得し、鉄鋼の後継として、同じ釜の飯を食ってきた西村正己を副社長に据えている。これには植田の深慮があった。というより辻の遠謀かもしれない。わざと西村が将来の社長候補の一人だというふうに印象づけし、海部に対する眼くらましに使ったのだった。

月日とともに着々と海部包囲網が構築されていく。ここには植田の意思が強く働いているのだが、会長の辻もむしろ好ましいこととして、一連の動きを支援していた。

（人事というのはこんなに面白いものだったのか）

トップに立って、植田は初めて権力者のみが持つ蜜の味に触れた思いがした。

余談だが、この感覚は辻良雄が社長になった時に抱いたものと同じである。真の実力を備えた経営者なら、人事遊びには興味を示さないものだ。先ず会社業績の方に目が向かい、まっとうな経営活動に邁進する。人事については、「遊び」として捉えるのではなく、いかに従業員を活性化するかという、「経営課題」として取り組むものだ。

ところが日商岩井の不幸は、辻、植田と続いてこの「遊び屋」がトップに君臨したことだった。仕事師とは無縁の「真面目で地味」なだけの内向きのリーダーが、ある日突然、フロックのような形で最高権限を握ってしまったのである。開拓者精神旺盛で覇気溢れる外向きの海部に対し、植田はいわば「官営八幡製鉄の特約店でございい」というふうな、極めて消極的な守りの意識で塗り固められていた。

植田は彼なりに社長業に自信を持ちだしていた。社長業といっても、人事遊びの域を超えないけれど、植田としては真剣である。海部は相変わらず目障りではあるが、仕事もするので痛し痒しという存在だ。泳がせておけばいい。そんなふうに位置づけている。ひょっとしたら自滅する期待もある。その可能性は高い。むしろ目障りなのは、自分の上に座っている会長の辻ではないのか。何かと口出しをしてくる。社内のことは社長にまかせてほしい。

（それに）

と、植田は思うのだ。短期政権と明確にクギを刺されている。就任以来、もう一年と半ばが過ぎ去った。そろそろ、という恐れもなしとは言えまい。そんな目で辻を観察していると、言動の一つ一つが深い意味を含んでいるように見えてくる。疑いだせばきりがない。せっせと築いてきた派閥軍団をある日、突然、さらっていくやも知れない。彼らをポストで釣れば、不可能な話ではない。そして都合のいい他の誰かを社長に持ってくるという筋書きか。

しかし、辻はやはり必要悪なのかもしれない。相変わらず意気盛んな海部に対抗するには、辻の力はどうしても必要である。あれほどマスコミにたたかれながらも、海部は依然として健在だ。辻との確執は長い。海部と辻との消耗戦である。

植田は辻の存在が得なのか損なのか判断しかねた。ただ明確になったことが一つある。それは海部との戦争では、自分は決して前線に立つまいということだ。

（辻に戦わせればいい）

自分は後ろで支援する。マスコミには辻会長対海部副社長の構図で宣伝し、どちらもが疲弊するのを待つのが得策かもしれない。消極的な作戦ではあるが、結局植田はそれで当面、乗り切っていこうと考えた。ちょうどグラマン事件が起こる数ヵ月前のことだった。

13　グラマン事件勃発

昭和五十三年十二月十四日（一九七八）、アメリカでSEC（米証券取引委員会）の爆弾が炸裂した。マグダネル・ダグラス社が航空機販売で外国政府高官に不正支払いをしたとして、同社を告発したのだ。そして年が明けた五十四年一月四日には、さらにグラマン社にも告発の手を広げた。ロッキード事件の時はチャーチ委員会だったが、今度はSECが震源だ。

そのSEC報告書の要旨は以下の通りである。

「グラマン社の子会社グラマン・インターナショナル（GI）が日本の自衛隊へ空中早期警戒機E2Cを売り込むにあたり、日本にいる米人コンサルタントに支払った手数料の一部が、一人もしくは複数の日本政府高官に流れた疑いがある」

突然の疑惑発覚で、日本中が大騒ぎとなる。青天の霹靂だ。とりわけ代理店として介在していた日商岩井社内は騒然となった。

八日にはGIの元社長トーマス・テータムが日本マスコミのインタビューを受け、「コンサルタントとはハリー・カーンであり、接触した政治家は岸信介元首相、福田赳夫前首相、松野頼三元防衛庁長官、そして中曽根康弘元防衛庁長官である。但しこの四名は取り扱い商社である日商岩井と特別の関係にあるわけではない」

と答えている。

「第二のロッキード事件勃発か」

マスコミは先を争い、日商岩井に殺到した。会社側は厳しい追及を浴びせられ、とうとう海部八郎と島田三敬は翌日、大阪で記者会見をすることになる。

「そのような密約を交わした覚えはありません」

と、きっぱりと否定したのだった。

だが後日、この密約が存在したことが明らかとなる。その密約とはE2C売り込みに関するもので、四十四年に当時の海部常務と島田航空機部次長がカーンと結んだ成功報酬配分の手数料についてであった。日商岩井が受け取る手数料のうち、四十パーセントがカーンに支払われ、その一部が政府高官に流れた、という疑惑が勃発したのである。

そして、早くも一月九日、東京地検特捜部は法務省に米側資料の入手を要請し、捜査を開始した。あまりにも手際がよすぎる。果たしてアメリカ政府から日本政府に対する圧力があったのかどうか。そう勘繰られても仕方がないほどの検察の素早さなのだ。そしてそれから二日後の十一日には、日商岩井常務島田三敬の事情聴取が始まっている。これもあまりにも早い。

海部はあわてた。

(いったい誰が、何の目的で暴露したのか)

まったく思い当たるふしはない。地検から戻った島田を真っ先につかまえ、地下の駐車場から逃げるように車を向島の方角へ走らせた。そこは昔、中学時代に学んだ場所である。ここまでは新聞記者も追ってはくるまい。今となっては絶好の隠れ家だ。

パイプをくわえ、くゆらせるが、気ばかりが焦る。しかし向島に近づくにつれ、車窓から懐かしい記憶の断片が、ページをめくるように次々と目に飛び込んできた。

古木の横に立つ赤い神社の鳥居や古びた小さな地蔵、創業百五十年と書かれた煎餅屋の屋号の看板。数字こそ書き換えられているが、見覚えがある。新しいビルのあいだや狭い路地にも、昔と変わらない姿で生きながらえているものもある。

「ああ、これもあったなあ」

昼間通ることはないので、本当に久しぶりだ。懐かしい。三、四十年の歳月が一足飛びに遠い過去にさかのぼり、海部はいっとき現実を忘れた。苛立っていた気持ちもしだいに和んできた。

やがて一軒の古い鰻屋の前で停まった。この店にはもう数年、来ていない。あらかじめ電話を入れておいた。

「いくら記者たちでも、この場所は知らないさ」

海部はほっとした表情で横の島田に耳打ちした。

店長は言葉少なに笑顔を向け、先に立って二階の小さな部屋へ案内した。すでに事情は知っている。

すぐにビールと突き出しが運ばれてきた。

「それで、どうでしたか？　地検は……」

海部は島田のグラスに注ぐと、待ちかねたように尋ねた。自分の分は手酌である。運転手の耳もあり、仕事に関する話は車中ではいっさいしていなかった。

島田は一口飲んだだけでグラスを置いた。そして太い眼鏡の縁に手をやり、少し上目使いになって重い口をひらいた。目に光がない。乾いている。

(疲れているな)

海部はそう感じたが、黙ったまま耳を傾ける。

「いやねえ。連中、思ったより紳士的でしたわ」

「それはよかった。で？」

平静をよそおったものの、意外な気がした。島田は相手の検事に好意をもっている。海部は何か不吉な予感がした。敵の懐柔策に乗せられてしまったのか。最初はよくそういう手を使うと聞いている。後で豹変するに違いない。島田は促されるまま続けた。

「当然、密約のことを訊かれました。でも知らぬ存ぜぬで通しています」

「そう。それしかない。ともかく今は時間稼ぎが必要だからね」

「でも……」

「でもって？」

海部の言葉を受け、島田は一段と声を低くした。

「それがどうもおかしいんですよ。何だか、いろんな情報を握っているみたいなんです」

「ハハハ。島田さん、それは敵のはったりですよ、はったり……」

「まあ、そうであれば、いいのですけど」

ここで具体的に問わなかったのは海部の失敗である。後に海部が気づいて歯ぎしりするのであるが、社内から意図的に情報が流されていた可能性が強いのだ。それは検察のみならず、マスコミに対してもいえた。

「もっと他には？」

「先生方のことも尋ねられました。でも、これも否定しました。関わりを持ったことはないってね」

「ふうむ。この線だね。あくまでも密約を否定し続けることが肝要だ」

海部の力強い言葉で幾分元気を取り戻したのか、島田は改めてビールに口をつけた。ぐいと一飲みした。

「それにしても辻会長と植田社長。しつこいったら、ありゃあしません」

「密約のことでしょう。私には何も訊いてこないけどもねえ」

「大丈夫ですよ、副社長。絶対に口を割りませんから」

海部はうなずいた。そして今度は途方に暮れたというふうに、首をゆっくりと小さく横に二、三度振って、ため息をついた。

「きのうも話したことだけど、いったい誰が密告したのだろう」

「ロッキードの時も政府のチャーチ委員会でしたよね。何か符合しませんか」

「なるほど……」

海部は考え込んだ。

「副社長、これは私の直感ですけどね。マグダネル・ダグラスといい、グラマンといい、商売仇《がたき》が刺したとは考えられませんか」

「ふうむ、商売仇か……」

海部はいっそう考えこんだ。額に指をあて、目を細めている。

「で、その仇だけど、それはアメリカかね、それとも日本?」

ひょっとしたら日本かもしれない、と海部はこのとき思った。追いつき追い越せでここまで走ってきたが、日商岩井の躍進を快く思わない同業者も多い。あくまでも憶測だが、と前置きし、島田の意見を改めて訊いてみた。

「どう? その可能性はあるだろうか」

「ない、とは断言出来ないでしょう。ただ……」

と島田は言って、一呼吸置いた。

「日商岩井を刺す、というよりも、むしろ海部八郎を殺す、と表現した方が正しいかもしれませんね」

「ほう、この私をかね」

「ええ。船舶、航空機と、立て続けに日本市場の覇者になりましたよね」

「まあ、そうだけど……」

「それだけでも脅威なのに、次はドル箱のＬＮＧにまで手を出した。これ以上、海部を放置するのは危険だと、彼等が判断しても不思議はないでしょう。米政府への強力なコネを使ったのかもしれません」

確かに理にはかなっている。だが商社はどんな商権でもいつも戦っている。互いの手の内は、知って知らないふりをするのが暗黙の了解ではなかったか。商社の仁義というものだ。どの商社が誰を使って何をしているか。時にはいくら金を使ったか。口には出さなくてもみんなが知っている。

「もしそうだとしたら、寂しいよな。仁義も何もないのだから」

「寂しいというより、私は残念でなりません。こんな時こそ会長や社長は私たちを弁護すべきじゃないですか」

「ところが逆にたたきにきている」

「副社長にしても私にしても、会社のためを思ってここまで働いてきたのですよ」

その通りだ。入社以来、一分一秒を惜しむ思いで今まで懸命に突っ走ってきた。やり方については反省すべき点もないことはない。がもしそれをしなければ、今日の日商岩井は存在しないのも事実である。そのことを辻らはいっさい分かろうとしない。いや、むしろ目をつむって、この時とばかりにたたいてくる。

「私はね。これまで自己の栄達のために仕事をしてきたのじゃない。あくまで結果なんだ。仕事の結果として、昇進がついてきた。島田さんなら分かってくれていると思うけれども」

「だからこそ彼等は海部八郎を潰したいのでしょう。まさに千載一遇のチャンスですからね」

この点を、補足すると、全日空や丸紅とは大きな違いがある。あとで振り返れば明白だ。ロッキードで逮捕された時の全日空社長若狭得治は会社が全力をあげて守ろうとしている。有罪判決にもかかわらず、追い出されるどころか、その後、名誉会長で遇されたほどで、社内での権威は終生、衰えなかった。丸紅も、余計なことをしてくれたという声は一部に出たものの、会社が一丸となって情報洩れを防ぎ、嵐に耐えた。そして会長桧山廣や大久保利春専務、伊藤宏専務らも社内に長く個室を与えられ、ある程度の生活を保証されたのだった。

ところが日商岩井の場合は逆である。会長と社長が一緒になって海部追い出しに精を出したのだった。この時点では追い出し作業はまだ進行中であるが、そんな動きは海部も島田も肌で感じている。

「島田さん。頑張りましょうよ。こんな会社だからこそ、もっともっとよくしなきゃいけないと思う」

「そのためにも、やはり海部副社長には早く社長になっていただかないと……」

「ハハハ」

海部はちょっと気恥ずかしそうに白い歯を出して笑った。それ以上は答えなかったが、その意思と気概は十分にある。これしきの苦難を乗り越えられなくて、何が出来るというのか。そう思っている。

島田にもその意気が伝わったらしい。目に輝きが戻り、勢いよく手を打って、ビールの追加を注文した。

「私も頑張りますから。辻の老いぼれなんかに負けてられませんよ。何といっても、私利のためじゃない。会社のために頑張ってきたのですからね。これは私たちの強みです」

そう言って、グラスを突き出し、海部のそれに合わせた。

この島田の気持ちは、自殺した時の遺書の横に置かれていた未完成の自筆メモのなかにも色濃く滲んでいる。改めて要約する。

「……今日まで、気の張りつめでした。頑張る、頑張る、でやって来ました……そして、でも、日本一の航空機部を作りました……政治家は便乗、役に立たない。本当の力は私達でした。誰もが納得出来るものを押す事が、私達の戦術です……良いものは、良い。必要なものは必要なんです」

密告の疑問におよその見当がついた。島田の勘はたぶん正しいだろう。海部潰しだなんて実に腹立たしいことだが、この無念を糧《かて》にいっそう強くならねばと、海部は思う。

「だけど、グラマンまでがとばっちりを食らうのは、ちょっと気の毒ですね」

と、島田が残りの鰻を平らげながら、再び話を前に戻した。だいぶ元気を取り戻したようだ。

「そうだろうか。アメリカ内部でも、グラマンを快く思わないメーカーはあるはずでしょう」

「日本の誰かとアメリカの誰かが組んだ、ということですか……」

「むしろその可能性の方が高いだろうね。ＳＥＣとアメリカ政府を動かすくらいだから」

ここまで言って、海部は何となく引っかかりを覚えた。なぜアメリカ政府がそこまで首を突っ込むのだろう。合点するには引っかかる。反グラマン派の圧力だけなのか。いや、どうもそれだけでは弱すぎはしないか。別の思惑も働いた可能性がある。

「島田さん。ひょっとしてアメリカ政府には別の意図もあったのかもしれないよ」

「別の意図って?」

「本心ではグラマンなど、どうでもよかった。付随的だ。あくまでも本命はロッキードだったんじゃないだろうか」

島田の目が鋭く光った。

「ほう、ロッキードですか」

「そう。ロッキードかもしれん。アメリカは田中角栄の罪状を暴くための証拠がほしかった。だからグラマンを突っつけば、何か出てくるんじゃないかと……」

「それでSECへ書類を送らせたってわけですか」

「もちろん反グラマン派の圧力もあったでしょう。でも、思惑通り日本は大騒ぎになった」

「国会もマスコミも検察も、蜂の巣を突いたような騒ぎでしたな」

「アメリカに踊らされたってわけか」

「うまく世論操作をされちゃいましたわ」

「でも、許せないのはそれに便乗した社内のヤツらさ。卑怯な連中だよ」

「だからこそ負けられません。頑張りましょうよ」

そうだ。その通りだ。負けてなんかいられるか。海部はあえて辻と植田の顔を思い浮かべ、瞼のなかで対峙した。

遠くから懐かしい音色が聞こえてくる。夜鳴き蕎麦の屋台の笛だ。まだこの辺りにはそんな店が残っているのか。海部は一気に遠い中学時代を思い出した。学校の帰り道、腹をすかした腕白連中とよく食べた。あの頃の値段は一杯、いくらぐらいだったのだろう。そんな他愛ないことを考えた自分に思わず苦笑した。

久しぶりの鰻で元気が出た。意思疎通も出来、気分よく鰻屋をあとにした。

社に戻った二人を待ち受けていたものは、又してもマスコミだった。暗がりの道路端に、新聞社やテレビ局のロゴマークがついた車が十数台、乱雑に停まっている。いつでも撮れるようにと、放送用カメラがセットされ、異様な賑わいだ。

「こりゃいかん」

裏手から回り直し、どうにかつかまらずに切り抜けた。海部は部屋に戻ると、広報部員を呼び出し、以後、彼らをシャットアウトするよう命じた。

だが日が経つにつれ記者の数はますますふくれ上がった。その日以後も、自宅前はもちろん、会社にいても外出時にはカメラのフラッシュがたかれ、マイクが突きつけられる。気が休まる時はない。

海部の家族も当然巻き込まれた。とりわけ妻の良子がそうだ。張り込みの記者たちが捨てていく飲食物のゴミが自宅周辺に乱雑に散らかっている。それを良子と向かいの主婦とで掃除するのが朝の日課になっていた。

　島田の場合はそれに加えて、地検への出頭がある。行く前とか帰ってからも、辻や植田らに追求され、神経がすり減った。海部とさえ十分にすり合わせの出来ない日が続いた。


　そんななかの一月十五日。その日は成人式で祝日だった。海部は心配して声をかけてくれた日商会頭の永野重雄と共に、会員になっている茅ヶ崎のスリーハンドレッドクラブへゴルフに出かけている。これに島田も加わり、三人でプレーした。永野は私心のない商いにかける海部の熱情を理解する財界人の一人だ。世間の非難を覚悟の上で、海部を励まし、擁護している。だがあいにく途中で雨が降り出し、昼頃に切り上げた。

　永野重雄という人物はその地位の高さにもかかわらず、細かいことにも気がつく。意外と神経の細やかなところがあった。

「さあ、これで元気づけて下さい」

　帰り際、クラブハウスの売店で特製のパウンドケーキを買い求めると、そっと島田に持たせた。

　時間が余ったので、海部は島田を誘い、近くに住む政治評論家で作家の戸川猪佐武の自宅を訪ねた。戸川も心配してくれている一人だ。二人は元気な顔を見せたいと、派手なゴルフウェアのままアポイントなしで急に訪れたのだった。そういう仲である。

「いやあ、海部さん。どうされました？　えらい出《い》で立ちですな」

戸川は大げさに驚いた様子を演出し、ハハハと笑って続けた。

「ちょうどいい。原稿書きで行き詰まっていたところです。さあ、まだ早いけど、一杯、いきましょう」

大歓迎だ。海部が、永野重雄さんからのもらい物ですけど、と言って、パウンドケーキを差し出した。互いに渦中の事件にはあまり触れず、ゴルフ談義や他愛ない世間話で二時間ほどを過ごした。海部には戸川の心遣いが嬉しかった。帰る頃には雨は止んでいた。

玄関を出るとき、戸川が「じゃあ、お元気で」と言って、握手の手を差し出した。海部は先に外に出ていたので挨拶ですまし、後ろにいた島田が手を握り返した。島田にとってこれが戸川との最初で最後の握手となった。ただ戸川とは自殺の二日前に海部も交えて会食をしているのが明らかになっている。

ゴルフをした前日の夜、海部と島田は例の向島の鰻屋で再び会っている。別々の場所から来て八時半頃にそこで落ち合った。その日も島田は地検へ出向いていた。島田が少し先に着いて待っていた。

前回と同じ部屋だ。海部の姿を見ると、島田は正座し、深々と頭を下げた。両手を畳につき、視線を落とした。青い顔から血の気がひき、首筋のあたりがピク、ピクと小刻みに痙攣している。黙ったままだ。海部は何となく胸騒ぎがした。店長はすでに準備をしていたのか、手際よくビールと突き出しを運んできた。目を伏せがちにし、気遣うようにそっと襖を閉めて部屋を出た。数秒の間を置き、島田が搾り出すように言った。ビールの栓は抜かれたままである。

「申し訳ありません。とうとうしゃべらされました」

海部は一瞬、目をこわばらせた。息をのんだ。

「地検でかい？」

島田はまだうつむいたまま、消え入るような声で「はい」と答えた。

「顔を上げなさいよ、島田さん。元気を出して。何があったのか、話してごらん」

「はい。密約のことで、うっかり、口が滑りました……」

カーンとの密約は存在している。総利益の四十パーセントがカーンに支払われるコミッションで、その密約には海部がサインした。島田は相変わらず消え入るような声でそこまで言い、一息おいた。海部は腕組みしてしばらく沈思《ちんし》していたが、自分を取り戻したらしい。

「で、カーンから先のことは？」

と不安そうに尋ねた。

「あ、それは大丈夫です。それ以上は何もしゃべっていません。カーンがそれをどうしているのかも知らないし、カーンのことはカーンに訊いてくれって、言いました」

「それは間違いないのかね。本当にはねつけたのだね」

海部の顔に生気が戻った。

「ええ。間違いありません」

「分かった。これでいいのだよ、島田さん。かえってよかったかもしれないよ」

「は？」

「カーンとの密約も、言ってみれば、口銭契約じゃないのかね。それならどうってことはない。その先さえ我々が知らないということになれば、怖くはないさ」

「なるほど。そうかもしれませんね。口銭契約なんだ」

島田はそう言って、あ、そうだ、と付け加えた。

「検事から、密約のことは公表しないようにと、固く口止めされました。何か深い考えがあるのでしょう」

「ほう、口止めをね……」

「たぶん政治家に関わることだから、慎重なのかもしれません」

「しかも超のつく大物たちだからね」

海部はひとまず安堵した。ここまでは仕方あるまい。島田も頑張っている。どんなことがあっても、この戦いは勝たねばならない。勝ち抜かねばならないのだ。そう心に誓った。

「島田さん、今後も、知らぬ存ぜぬでいきましょう。時間を稼いでいるうちに、きっといい知恵も出てくるでしょう。いや、必ず出てきますよ」

そんなやりとりが前日に行われたのだった。酒が入り、鰻を口にすると、元気が戻ってきた。

ゴルフはいっときの寛ぎになったが、翌日からは再びマスコミの集中砲火が浴びせられた。

行くところ、どこにでもカメラが追いかけてくる。しかし海部はタフである。そんな合間をぬうように仕事に精を出した。そうすることで、負けそうになる自分を鞭打った。その間に島田とも電話で連絡を取り合い、地検での進捗状況の確認もしている。さらに航空機部の部下たちとも打ち合わせをせねばならない。

（島田さんは頑張っているな）

改めてそう思う。心強い男である。いい部下を持ったものだ。それにしても辻と植田は許せない。自分には何も言ってこないのに、島田さんばかりを追い回している。白状させようと躍起なのだ。だが知らぬ存ぜぬを貫くはずである。

翌日も、そして翌々日も同じ状況が続いた。ただ異なるのはマスコミの張り込みだ。もうこれ以上増えようがないと思えるほど、どこへ行っても、ますます張り込みが激しくなった。うっかり話せば命取りになる。が逆に話さなければ何を書かれるかわからない。そういうこともあり、新聞や週刊誌には毎日、丹念に目を通している。どの誌も競うように、そのトップには「海部八郎」の名が大きく踊っていた。

（そうだ、あの手がある）

不意に頭にひらめいた。政治家などが困った時によく使う手だ。病気入院である。海部は黙考した。卑怯かもしれないが、一つの方法でもある。そのあいだにじっくり作戦を練るのがいいのかもしれない。当面、マスコミの砲火からも身を隠せる。逃げたと非難されるのは承知の上だ。

思いついたが幸い、早速、実行することにした。運よく島田は席にいた。部屋へ来てもらい、事情を説明した。

島田も賛成した。諸手《もろて》をあげてというわけではなく、すこし不安そうな表情を残していたが、最後は同意した。

「まあ、島田さん。電話がありますからね。絶えず連絡を取り合いましょう」

この一言で島田は折れたのだった。

一月二十二日、湯河原町土肥にある知り合いの胃腸病院へ入った。しかしこの入院が海部八郎の命取りとなるのである。一週間の入院期間中に島田が辻と植田に厳しく追及され、とうとう密約の存在を吐いてしまったのだった。島田の苦しい心中を見通す能力を海部が欠いていたのか、それともその余裕を失っていたのか。取り返しのつかないミスを犯したものである。

その頃、辻会長と社長の植田は連日連夜、遅くまで会長室にこもって作戦を練っていた。正月はじめのお屠蘇気分がまだ冷めやらないなか、思わぬSECというグラマン疑惑のお年玉がアメリカから降ってきた。そのとき、この二人は会社の行方を心配をする前に、何と狂喜したのであった。果たしてこれが大企業トップの所業といえるのか。

それはさておき、二人は会社の危機到来を喜んでいる。獅子身中の虫、海部八郎を駆逐する時が遂に来たのだ。長年の願いを実現する時がやっと訪れた。この一点に関しては、二人の思いは共通していた。

一気に陥落させたいところだが、さてどう攻めればよいのか。額を寄せ合い、謀議した。先ずやらねばならないのはマスコミの扇動だ。辻は声を落とした。

「例の情報リークの方、大丈夫ですか。私もやっているけど、あなたのルートでも積極的にお願いしますよ」

「もちろん、ぬかりなく……」

「でもこれは薬でいえば、内服薬みたいなものですからね。もっと即効的に効く方法で攻めなきゃ」

そこで浮かび上がったのが島田への集中詰問《きつもん》だった。

密約があるのかないのか。それはあるに決まっている。現物は見てはいないが、商売の常識として、これほど大きな国際取引で、単に口約束だけで済むはずがない。外国相手のビジネスという点では、辻の方が経験は豊かだ。木材で鍛えている。ここでも辻は植田を主導した。

「ともかく口を割らせることだね。島田君が知らないはずはない」

「そうでしょうな。海部君の性格からみて、サインは彼自身がやっていると思います。単純な男ですからね」

「たぶんね。でも、そんなことはどうでもいい。島田が使い走りであろうとなかろうと、ともかくヤツに吐かさせるしかないでしょう」

ちょうど具合のいいことに、マスコミや世間もそのことに焦点を合わせて騒ぎ立てている。

ここで密約の存在を発表出来れば、一気に海部を追い込めるのだ。舞台準備は整っている。

二人はすぐに実行に移した。島田を部屋に呼び出した。時には個別に呼び出し、ほとんど毎日、同じ質問を浴びせた。

しかしこの時点では島田はすでに検察に密約の存在を打ち明けている。だが口止めをされているので、当然、明かすことはしない。

辻は苛立った。鬱憤を払うように植田にこぼしている。

「しぶとい男だよ。いずれ、ばれることなのに……」

「困りましたなあ。社長として、私も辞めた山村さんとか経理部門にも問い合わせをしているのですが、ヒントさえ出てきません」

そんな愚痴を言い交わしているとき、秘書部から海部が突然入院したという情報がもたらされた。植田はぽかんと口をあけ、しまった、という顔をした。

「逃げられたか……」

ところが、辻の方は動揺していない。むしろ喜色を現した。

「よしっ、これで島田君をたたける。思いっきりたたけるぞ」

「ほう。なるほどね。孤立無援……ですか」

植田もすぐさま応じた。いくら愚鈍な植田でも、辻の意図はピンときた。辻は得意げに目を細め、汚れた前歯を見せてうなずいた。

「もはや援軍はいない。攻めて攻めて攻めまくろうじゃないですか」

二人は勢いづいた。その日、早速、島田を捜してみたのだが、行方が分からない。翌日も同様だった。さすがに二人は焦りを覚えた。その間にも、入院を知ったマスコミからは次々とインタビューを申し込まれ、仕方なく最小限度で応じているが、知らないものは答えようがない。

「いやあ、海部と島田の二人がやっていたことでして、私たちにはまったく分からないのですよ。本当に申し訳ありません」

まるでオウムのように同じ台詞を繰り返し、そろって頭を下げる。ただ二人がやっていた、という部分だけは、その度に意識的に強調するのを忘れない。

海部と島田の二人に責任を押しつける。これは辻と植田の基本戦略である。そのためにも海部不在の今、どうしても島田に口を割らせねばならない。

二十五日朝のことだ。植田が出社すると、すぐに辻の部屋へ呼ばれた。辻はすでにソファーに座って待っていた。目の前の新聞も手にとらず、苛立たしそうに足をゆすっている。今しがたかかってきた懇意にしているジャーナリストからの電話で心を乱していた。植田を見るなり、はき捨てるように言った。

「まずいことになりましたよ。今日の午後四時に防衛庁が記者会見をするそうです」

「えっ、四時にですか。何か新事実でも?」

「たぶん密書のことだと思います。米政府から情報が入ったのかもしれません。いや、そうに違いないでしょう」

植田はううむ、とうなったまま、当惑の目を返した。しかしみるみるその目に光をためると、これまで見せたことがないほどの力を込めて言った。白眼がむき出しになっている。

「捜しましょう。私がやります。家捜ししてでも、島田をここへ連れてきましょう」

そう言い残し、植田は急いで部屋へ戻った。だがアテがあるわけではない。

（さて、どうするか……）

植田が思案をはじめたときのことだ。秘書があたふたと飛び込んできた。島田がちょうど日商岩井エアロスペースに出社したところだという。場所は数百メートルしか離れていない。植田は思わずよしっと、小さな歓喜の声をあげた。タバコのヤニで汚れた歯をむきだしにし、闘争心を露にしたその顔は、異様である。

（出かけられたら困るな）

すぐに秘書を迎えに走らせた。急いで辻に連絡をとり、それが終わると会長室へ直行した。ほどなくして島田が現れた。辻と植田の二人は島田の顔を見て、思わず目を見合わせた。

「……」

言葉が出なかった。何という変わりようなのだ。いつもの島田がそこにはいない。髭を剃り、ネクタイはきちんと締めているのだが、生気が感じられないのだ。日焼けしているはずの黒い顔が、まるで血が引いたような蒼白に塗り変えられている。

だがさすがは百戦錬磨の辻だ。瞬時、言葉を失ったけれど、すぐに気をとり戻す。ちらっと植田の方に視線を配ったあと、普段通りの語調で口をひらいた。

「まあまあ、どうぞ島田君。かけて下さいよ」

島田は小さく礼をして、ソファーに体を沈めた。辻が気をきかし、すでに秘書に熱いコーヒーを運ばせてある。

(何かある……)

辻と植田はまた視線を合わせた。やはり検察で何かがあった。二人の目がそう語り合っている。辻は自分のカップを口に運びながら、島田にもコーヒーを勧めた。

「密書のこと、そろそろ正直に話していただけませんか。お願いしますよ、島田君」

「はあ……。でも会長、私は知らないのですよ」

「知らない？　ほう、知らないだと……。もうその言葉は聞きたくはないですな。あなたが知らないはずはないでしょう」

切り裂くような鋭い声が飛んだ。植田も体を乗り出し、正面から睨みつける。もう待ったは許されない。そんな焦りが気迫となって駆り立てている。

しかし島田は粘った。言質を与えず、オウム返しの言い合いが続く。なかなか埒があかない。だが何か違うものを辻は感じるのだ。これまでの島田なら、芯のようなぶれないものを体のなかにどっしりと据《す》えていた。ところがそれがぐらついている。辻にはそう思えた。

(なぜだ。なぜだろう)

ひょっとしたら、海部が原因なのか。入院で、思うように意思疎通が出来ていないのか。

辻はここを突こうとひらめいた。

「ところで海部君は、どうしているんだろう。ひどいねえ、彼はきっと逃げたのでしょう。卑怯な男だな。君を放っておいて……」

「とんでもない。彼はそんな人間じゃないですよ」

「ほう。じゃあこの大事な時に、どうしてこの場に姿を現さないのです？」

そう言って激しくテーブルをたたいた。

島田は黙った。弁護の言葉を探しているのか。或いはこちらの気迫に押されたのか。

「島田君。いったい君は日商岩井を潰す気ですか」

「潰す？」

「そう。君がやっていることは、会社を窮地に陥れることだ。六千五百人の社員を路頭に迷わせようとしている。常務取締役として、いや、人間として、恥ずかしいとは思いませんか」

「会長。それは言いすぎです。私は何も会社を窮地に陥れるなど……」

辻はあきれたといわんばかりに、顔をゆがめて上方にのけぞらせた。

「いやはや言い方もあるもんですな。世間はもはや日商岩井を信用していませんよ。社員の後ろには大勢の家族がいる。何万という人間が、君と海部君を恨んでいるのです」

辻はそう言って、目の前に置かれた朝刊を手のひらで又もや激しくたたいた。日商岩井糾弾の大きな見出しが、一面トップに躍っている。

「君は恥知らずだ。よくものうのうとしていられるね。それほどの罪を犯したのですよ。ほう、会社のため？　あきれて物が言えませんな」

「会長。一言、申し上げておきます」

島田は顔を上げ、決然と言った。

「私はこれまで会社のためを思って頑張ってきました。多少の荒っぽいこともあったでしょう。しかし、いっさい私心はありません」

「何？　私心がなかったって？　その荒っぽいことが問題なのでしょうが。もし君に良心のひとかけらでもあるのなら、どうして密書があったと告白しないのですか」

島田は誇りを持っている。辻は直感した。そこを突くのだ。今しかない。今、この男を突き崩す一言がいる。辻は逸《はや》る気持ちをおさえ、続けた。

「島田君。防衛庁は今日の午後四時に、記者会見をすると言っています。記者会見ですよ」

「…………」

島田は虚をつかれたように驚きの瞳を返した。困惑といった方が適切かもしれない。辻は島田の目をまっすぐとらえ、確信に満ちた表情で切りつけた。

「当社とカーンとのあいだの契約書だけじゃない。ＧＩ社とカーンとのコンサルタント契約の詳細も発表するそうだ」

言い過ぎたとは思わない。はったりではあるが、確信がある。辻は食い入るような目で島田の反応をうかがった。

このとき植田はどうしていたか。固唾をのんで成り行きを見守っていたが、いっさい口出しを控えている。ここで白状させねばという切迫感は辻と共有しているものの、島田への説得には出来るだけ口出しすまいと決めていた。

辻が思った以上にやってくれているのと、それに何よりも島田を痛めつける悪役は人に譲りたい。直接恨みを買う行為は避けるにこしたことはない。そんな打算が植田の胸を占め、傍観的な立場をとらせていたのだった。もちろん表面的には先輩をたてているという協調性を押し出している。

暫時、沈黙が流れた。辻はまだ島田の表情が読みきれない。

（どうしたのだろう）

苦しそうだ。目の端がゆがみ、虚ろに見える。何かの重みに耐えようとしているのだろうか。辻はさらに押した。

「もう発表文書は出来上がっている頃でしょう。四時まではすぐです。我々がこのまま何もしなければ、日商岩井は嘘つき会社になってしまいます」

このとき植田が口をはさんだ。

「島田君。もし本当に君が会社のためを思ってくれているのなら、その証拠を示してくれませんか」

「証拠？」

島田は軽いショックにでも見舞われたように、少し頭を揺らし、疲れた目を精いっぱい見開いた。そこには何か救いを見出そうとするあがきのような動揺があった。植田も辻も目ざとくそれに気づいた。

「ええ、証拠です。君が知っている事実を話してくれればいいのです」

「はあ、でも……」

島田は煮え切らない。辻がもどかしそうに植田の言葉を引き取った。もう一歩だ。

「島田君。これは会社の信用問題に関わることなのですよ。防衛庁の発表の前に、日商岩井が自ら公表する。それこそが会社としての良心ではないのかな。それが君自身の良心の証明でもあると私は思うね」

「……」

長い沈黙が支配した。もうコーヒーはきれている。電話を取り次がないよう秘書には命じてある。辻は苛立った。が、我慢が必要なことは知っている。

(根比べだな)

どうやら時間は味方のようだ。島田の苦しむ顔が、刻一刻、辻のなかで喜びを増幅させた。もうすぐ口を割りそうな期待と、ようやく海部を駆逐出来るというつれしさが一緒になって込み上げてくる。そして遂にその喜びが完成する時がきた。

島田は弱々しくため息をつくと、歪めた唇をおもむろに開いた。しかし態度とは異なり、語調はむしろ張りを帯びている。

「分かりました。私の名誉のためにも、申し上げます」

そう言って、姿勢を正した。

「問題の密約は……確かにありました。サインは、海部副社長がしています」

言い終わると、島田は目をつむり、うつむき加減になってしばらく黙った。よく見ると、つむったまぶたの細い線が小刻みに震えている。それが満足感からなのか、それとも後悔からなのか、辻には分からない。

辻は辛抱しきれずに促した。島田がゆっくりと目をあけた。自分の言葉の重さをかみ締めるかのように、慎重に語り始めた。

質問も交え、半時間余りが過ぎた。あっという間だ。

(まだ隠しているところもあるな)

それが辻の実感だった。だが少なくとも密約は認めた。これだけでも大きな収穫だ。

(そろそろ潮時か)

辻は腕時計を見た。島田の気が変わると困るのだ。急がねばならない。

横の植田に耳打ちした。植田も大きくうなずき、すっと立ち上がると、内線電話で広報担当者を呼んだ。すぐに現れた。

「君、記者会見だ。大急ぎでセットしてくれませんか。午後二時で」

防衛庁のちょうど二時間前である。これなら先手を打てる。

「内容はＧＩ社関係の契約書と言ってくれたらいい」

広報担当者は驚きで目をみはったが、あわててそれをかき消すと、小走りで部屋から出た。

辻は島田の肩に軽く手をのせた。二時までのあいだ、島田を逃がさないようどう時間を過ごすか。そのことを考えていた。しかしそれは格段に楽しく、浮き浮きする悩みであった。

予定通り二時定刻に記者会見が行われた。植田と共に島田が現れ、その場で島田は次のように謝罪している。

カーンとのメモランダムは存在し、昭和四十四年に海部がサインした。E2C機の売込みに成功すれば、成功報酬として日商岩井の手数料の四十パーセントを支払う。しかしその料率が高すぎるのでこちらから改定を申し出、難航した末、ようやく五十一年になって契約を解除した。カーンの人柄と信用を考慮し、一方的に日商岩井からメモランダムの存在を発表しない方がいいと判断した。植田社長には話さなければならないと思っていたが、カーンへの義理と社会的な板ばさみにあって、ずるずると今日まできてしまった。

そして言葉の最後に、

「今まで皆さんに嘘をついてきて、これ以上、良心の呵責に耐えられませんでした。深くお詫びいたします」

と締めくくり、何度も頭を下げた。島田の実直な人柄が、その言葉や表情、動作などに垣間見られた会見だった。

そしてすかさずその夜、植田は行動した。記者団に対し、早くも海部の処分についてほのめかしている。

「密約問題で世間に嘘をつく結果になりましたこと、深くお詫び申し上げます。現在のところ海部と島田の二人から、進退伺いなどは出ていません。しかし、今回の問題がすべて終了した時点で、処分を検討したいと考えています」

翌日になると、辻も記者団に対し、すかさず前日の会見内容を肯定した。

「実は密約はありました。書類にサインしたのは副社長の海部八郎です。申し訳ありません」

そう言って、会長としていかにも責任を感じているというふうに神妙に頭を下げた。だが同席した広報社員の目には、辻の苦悩に満ちた表情の奥に喜びが隠されているのは明白だった。

終わってから数分も経っていない。すぐに植田を会長室へ呼んだ。辻は上機嫌であった。

「えらい状況の変わりようですな。今となっては記者会見がむしろ楽しみですわ。やる度に海部軍団が追い詰められていきよる」

「追い詰めるまでもないでしょう。すでに軍団は散りぢりばらばらですよ。それも言うなら、海部八郎本人が追い詰められているってことでしょう」

「ハハハ。図星ですな。たぶんもう秒読みでしょう。これでようやく日商岩井も落ち着くというものだ」

「今夜は二人で乾杯といきましょうか」

植田はにっと笑い、指で盃をあける仕草をした。

無責任な会話ではある。大商社に籍を置く会長と社長のやりとりとはとても思えない。会社がこうむる悪影響のことなど、この時点で二人の頭のなかに微塵も入っていなかった。

宿敵海部八郎を失脚させる。そのことだけに全エネルギーを集中させている。天下を奪われてなるものか。この蜜の味は決して海部には渡さないぞ。その思いは二人に共通したものので、自己保身だけが最大の関心事なのは情けないことである。

そしてその程度の器量しか持たない植田三男が、その後、社長、会長職を通してさらに九年間ものあいだトップの座に君臨したのだった。日商岩井崩壊の悲劇はここに始まったと言って過言ではない。

ただ付記しておきたいことがある。辻、植田という経営不在が長年続いたにもかかわらず、日商岩井は大手商社の一郭に依然として存在し続けた。その理由は二つ考えられる。一つは傑物海部八郎が築いた商権という巨大な遺産。そしてもう一つは優秀な社員の存在だろう。とりわけ後者は経営層の不甲斐なさとは対照的に、会社の底力として無言の献身をしてきたのだった。それだけに無念であり、哀れささえ覚える。

14　盟友の死

島田の緊急記者会見があった日、社内は大騒ぎとなった。植田が去ったあと、辻は入れ替わりに専務の森下茂生を部屋へ呼んでいる。森下も会見には立ち会っていた。自他共に認める毒舌家で、およそ世辞とは無縁の男だが、珍しく顔が上気し、言葉が弾んでいる。

「会長、いよいよ賽は投げられましたね」

「ああ。ようやく……だな。あとは君たちの頑張り次第だ。頼むよ」

辻はそう答え、希望に満ちた細い目で、頼もしそうに森下を見やった。

「おまかせ下さい。役員たちは私が引っ張りますから」

「海部非難の合唱がどこまで勢いづくか。楽しみだね」

森下は「はっ」と短く肯定して、かしこまった姿勢で軽く礼をし、恭順の意を示した。大役を任せられた緊張感からなのか、態度がどことなくぎこちない。いよいよ迫った海部との対決に、息が乱れている。そんな自分に打ち勝とうと懸命に鼓舞しているのが辻にもわかる。体じゅうから忠誠心が愚直にほとばしり出ている。そんな森下に辻はふっと熱いものを感じた。そしてその感情の後押しを自身で確認するかのように、ゆっくりと強くうなづき返した。

「さ、どうぞ、どうぞ」

まだ手つかずになっている茶を勧めた。森下にはいつか社長の任をまかせたい。そう辻は考えている。それがいつになるかは分からない。が、ひょっとして意外に早く来るかもしれない。むしろそうなって欲しいと思った。

ふと先ほどまでここにいた植田の顔がまぶたに浮かんだ。思わず舌打ちした。芋虫を思わせる風采の上がらない容貌の男。そのくせ欲が深い。尋常ではない。経営の才だって、その顔に負けず劣らずというのか、実に平凡だ。いや、平凡以下かもしれない。しかしそれを見込んだ上での社長起用だったことは嫌というほど分かっている。

（もう二年になるのか……）

そろそろ限界だろう。約束通り退いてもらってもいい。約束通り……にだ。あの男の役割はもう終わった。この際、海部副社長不祥事の責任を取らせ、一緒に退陣させるのは妙案だ。

辻は改めて森下を見た。何か一言いいたい誘惑に駆られた。

「ところで……君は今、幾つになったのかな？」

「は？　五十六歳になります」

「ふうむ、五十六ねえ。もっと大きな責任を持ってもらっても、いい年齢だなあ」

と思わせぶりに言い、含みのある笑みを返した。

これ以上は言わぬが花だ。その時が来たら実行すればいい。この男の運命は自分の手のひらのなかにある。これまでの一途な忠誠心に報いることに迷いはない。この上ない自分の喜びだ。辻は何だか愉快になった。組織のトップだけが持つ権力の醍醐味を、久しぶりに味わう思いがした。

「じゃあ、役員たちの件、頼むよ」

そう言って、握手の手を差し出し、森下を部屋から送り出した。

森下は海部と同じ神戸商大出身だ。日商にも同期で入社している。ところが取締役就任は海部より九年も遅れた。それは多分に森下自身の性格が起因しているといえるだろう。上司にへつらわず、そこへもってきて無類の毒舌家ときている。サラリーマンとしては極めて異色だった。

頭脳明晰でいつも筋を通す。部下の面倒見もいいし、男気もあるのに、そういった長所はすべてその異色さで帳消しにされていた。損な人生というべきか。それに気づいていながら、まったく修正しようとしなかった。それは頑固さというよりも、むしろ彼なりの美学だったのかもしれない。

現にそのことは辻も認めているところである。当初、辻は皆と同じように森下を変わり者とだけしか見ていなかった。そして、出世遅れの森下ならきっと同期の海部への恨みは大きかろうと一方的に考え、森下に目をかけたというのが真相だ。

（森下を先兵に育てよう）

自陣の強化のためだ。社内の抵抗は相当あったが、機会あるごとに力ずくで昇進させてきた。ところが身近に森下を知るようになるにつれ、辻のなかで変化が起こる。それは驚きの混じった嬉しい変化であった。これほどの人物が隠れていたのか。ビジネスに対する森下の鋭い分析力と先見性には、目を見張るものがある。派閥抗争で疲れて余裕を失った辻にとって、森下と一緒にいる一時は、警戒の鎧を脱げるひと時であったし、仕事についてのヒントも多々、得られた。こうして森下に対する信頼感が辻のなかで着実に醸成されていったのだった。

そうなると、森下の毒舌は辻にとってはむしろ快い囁きに変わる。歯に衣を着せない筋論に、すがすがしささえ感じながら謙虚に耳を傾けた。加えて森下に対する部下たちからの信頼は厚く、チームはまとまっている。それでいて上にはいっさいお世辞を言わない。そんな態度が好ましく、或る意味、羨ましくもあった。徹頭徹尾、人を信用しない辻だが、こと森下だけは別だった。いずれ時が来たら社長に据えようと真剣に考えていた。

さて、これまで大幅な出世遅れだった森下だが、彼が専務に昇格したのはようやく去年になってからのことだ。辻の強い意向がやっとのことで実ったのは誰もが知っている事実である。やっとというのは、実はその前年にも専務昇格が議論され、却下されているからだ。頭から海部に反対され、つぶされたのだった。それから一年後、ようやく辻の思いが実ったのである。そんなこんなで、同期の桜といっても、森下の心のなかでは海部との溝は根深い。

いや、果たしてそうだろうか。その表現は正確ではなかろう。というより、不十分である。もともと森下と海部との仲は悪くなかったのだ。家族ぐるみの付き合いをしていたほどの親密さだった。ところが森下が辻に気に入られるにつれ、重用されるにつれ、海部の方から次第に離れていった。これが真相だ。森下からの能動的な意図ではなかったが、残った結果は深い溝だった。

（止むを得ないことかもな……）

海部の気持ちも分からぬではない。しかし去っていったことも事実である。森下は一抹の寂しさを感じながらも、かといってますます辻に近づく自分の位置を修正することもできず、時の流れに身をまかせるしかなかった。

――海部は海部。自分は自分。

互いの異なる運命の流れを容認し、長いあいだ自分なりに心のなかでは共存してきたつもりであった。しかしここにきて情勢が一変した。グラマン事件が勃発し、辻と海部の対決が抜き差しならぬものへと格上げされてしまった。加えて植田社長の参謀本部的立場である企画本部長を務めている手前、もはや自由はきかない。立場というものがある。森下は止むに止まれず海部対決の矢面に立たざるを得なくなったのだった。

森下は悩んだ。悩んだというのには理由がある。実は海部をそれほど憎んでいなかったからである。二年前の専務昇格に対する海部の行動には憤りを感じたが、社内地図から見て止むを得なかったのかもしれないと、大甘な解釈を容認する人の良さが森下にはあった。ところが今回、意図せざる流れに押され、その海部と全面対決せざるを得なくなり、逃げ場がなくなった。

「会社のために」

そう大義名分を自らに言い聞かせ、目をつぶるようにして海部への感情を断ち切ったのだった。迷う気持ちを意識的に心のなかから追い出した。すべては会社のためだ。その思いのもとに、森下は打倒海部の急先鋒の役割を担うことになる。ああでもないこうでもないと、いつまでも気持ちの揺れを引きずらないところがこの男の潔さなのか、それとも単純さなのか。ようやくけじめがついた。後ろ向きの気持ちが消え、与えられた任務に打ち込む決意が心に満ちた。

そこへ時々、辻から社長を想わせる昇進めいたニンジンをちらつかされるものだから、まさかとは思いながらも、いやがうえにも張り切った。辻が本陣とすれば、森下が先兵隊の役割を担った。もう攻めるしか道はない。

辻の激励を後にして部屋に戻ると、森下は大急ぎで若手の役員たちを会議室へ招集した。それを聞いた副会長の田中正一も俺も行こう、と自発的に参加した。あっという間に十名余りが集まった。

会議は燃えた。さながら海部糾弾《きゅうだん》の場となった。森下の一言一言に皆が呼応し、海部をなじる。

「日商岩井にも正義があるのです」

森下は声を枯らし、何度も叫んだ。役員たちも顔を紅潮させ、信じるところを吐き出した。その後を引き取って、田中正一も突き放すように言った。副会長の出番である。

「はっきり言って、これは海部君らが勝手に結んだ密約ですよ。そんなことが許されていいのですか」

そして少しの間を置き、一同を見回した。賛同を全身で感じ取りながら、続けた。

「彼も男です。このことで責任を感じたら、きっとご自分で進退を決めるでしょう」

出席者たちはいっせいに顔を見合わせた。眼が光った。海部の進退。その言葉が欲しかった。辞任勧告だ。しかもそれが副会長というトップクラスの口から飛び出したのである。森下は勇気づいた。

（もう一息だ。もう一息で海部を倒せる）

田中の方へ視線をあてながら、終わるのさえもどかしそうに言葉を引き取った。

「まさに副会長のおっしゃる通りです。海部副社長には責任をとって辞めていただきたい。それ以外には日商岩井を救う道はありません。正義は勝つのです」

賛意を口にする者、或いはうなずく者。表現の仕方は異なるけれど、全員が賛成である。森下はそんな光景を眺めながら、ひょっとしたら自分が社長になれるのも夢ではないかもしれないと、信じられない思いを引きずりながらも、ひそかに胸を弾ませた。そして辻と植田の喜ぶ顔をこの部屋の空気に重ね合わせ、自分が果したとりあえずの大役にひとまず安堵した。

これでほぼ意思統一は出来た。しかし時間がない。森下は現実に戻った。明日は十時から定例の経営会議が予定されているのだ。それまでに各自が職場に戻り、部課長たちに田中副会長の言葉を喧伝しておかねばならない。世論形成に時間は残されていないのだ。

「皆さん。これは私たちの総意です。海部副社長には辞めてもらう以外に道はありません。

皆さんもこれから職場に戻り、部下の方たちとしっかりと議論をして下さい」

　森下はそう締めくくって、閉会した。


　矢のようなあわただしい一日が終わった。翌日、予定通り経営会議はひらかれた。三月期仮決算見通しが元々の議題だが、誰もそのことに関心はない。開会早々、議論は海部のことに集中し、白熱した。幸い前夜に植田社長が記者に処分のことをほのめかしてくれている。森下のアジ演説はいっそう激しさを増した。

「日商岩井にも正義がある」

　と、この日も何度か繰り返した。辻も会長の立場から盛んに援護射撃をし、むしろ先導さえした。その結果、満場一致で海部と島田を処分する方針が決まり、そのやり方については植田社長に一任されたのだった。

　植田は決意の言葉を述べた。役員一同の強い視線を感じながら、その燃えるような熱気にこれまでになかった真剣さを見た。今度こそ目的が達成されそうな予感を強めた。

（海部が倒れる……）

　いよいよ現実になるのかというられしさが植田のなかで込み上げた。しかしそれと共に、いや、むしろそれを帳消しするほどの勢いで、ある不安が次第にふくれあがっていた。それは辻との約束だった。短期政権、という言葉が喜びに負けないくらいの勢いで頭のなかを駆け巡るのだ。

これほどの不祥事だ。渦中の副社長と一常務の辞任だけで、果たして世間が許すかどうか。きっとトカゲの尻尾切りと非難されるに決まっている。どう見ても、トップの連帯した引責辞任なしでおさまるはずがない。そうなると、きっと社長の自分にお鉢が回ってくる。お鉢というよりも、約束を守れ、と辻は迫ってくるに違いない。

（ピンチをチャンスにせねば……）

役員たちの意見を耳の遠くで聞きながら、植田はそのことばかりに考えを集中させていた。そしてその答えは一つしかないことも分かっている。つまりは大胆な発想だが、自分の身代わりに辻を立てること、それしかないと思った。生贄《いけにえ》は自分ではなく、辻なのだ。

そう考えると、経営会議のこの場はすでに戦いのはじまりともいえる。それももはや海部とではなく、会長の辻との戦いなのである。

もしそうならば、会議のリーダーとして、もっと自分を鮮明に印象づけることが肝要だ。これからは辻に代わって自分が前面に出なければ、と強く自覚した。その機会は今をおいて他にはない。

姿勢を正した。目立たぬよう大きく息を吸った。社長の威厳を誇示するように、おもむろに一同を見回した。

「なるほど。役員諸君の熱いお気持ちはよく分かりました」

そう言って瞬時の間をおき、注目の視線が自分の方に集中するお膳立てをした。隣に座った辻のこわばった顔が目の端に入ったが、気づかないふりをして、口をひらいた。

「ご承知のように、この三十日には定例取締役会が開かれます。秘書の話ですと、海部君も出席するそうです」

おうっという嘆声が湧き上がった。植田は間髪を入れず、さらに続けた。

「その時が勝負です。きっと今日の皆さんのご意思が反映されることになるでしょう」

そう言い切って、脇に座った辻の表情を再び目の端でちらっと観察した。辻も負けてはいない。植田の意図を感じとったのかどうかは分からないが、すかさず後を引きとった。

「うむ。これでようやく日商岩井も脱皮出来ますな。汚れた古い上着を脱ぎ捨てる日はもうすぐです」

と、今にもガッツポーズをせんばかりの軒昂《けんこう》ぶりだった。

この時点では、辻と植田は別々のことを考えていた。同床異夢というか、互いに相手を辞めさせて自分が生き残ろうと、ますますその意思を固めていたのである。そして繰り返し述べるが、残念なことに、二人とも会社が陥る苦境についてはまったく関心がなかった。自己の損得という私を最優先するトップを持った会社の悲劇は、計り知れないものがある。

さて、この頃、入院していた海部はどう動いていたか。島田の記者会見を知り、愕然としたのは事実だ。だがすぐにその夜、島田を病室へ呼んで話している。

「まあ、しゃべってしまったのは仕方ないとして、辻と植田は許せないよなあ」

海部はようやく落ち着きを取り戻したのか、ベッド脇の椅子に座っている島田に言った。

島田はうなずいたものの、沈痛な表情は変わらない。まだ海部へのすまなさから回復していない。

「島田さん。私は負けませんよ。ここで私が沈んでしまったら、あなただけでなく、日商岩井も沈んじゃう」

「そうですね。商社は売り上げを計上してこそ、生きていけるのですからね」

「その商売をした人間を怪しからん、と言って抹殺するのでしょう。話にならないな」

「明朝は緊急の経営会議があります。私は地検へ行っていませんが、情報は追ってお知らせします」

「ま、会議の結論は見えているけどね」

それからも話は続いた。病室を辞去する頃には島田は元気を取り戻していた。海部の自信満々な様子が何よりの薬であった。弱気な気持ちはすっかり消えていた。

翌二十六日の午後から二十九日にかけ、海部は精力的に動いた。必死の巻き返しに出た。巻き返しといっても、そのほとんどは電話を使った戦術だった。朝から夜まで片っ端からかけている。なかでも辻と植田には頻繁にかけた。

この二人にはまともに怒りをぶつけている。自分を守るためにはやむをえないと割り切ったのか、海部は容赦をしなかった。とりわけ辻に対しては激しかった。

「私のビジネスのやり方が悪というのなら、じゃあ、会長の木材の不正送金は善なのですか。どちらがどう違うのですか」

と迫り、その返す刀で、

「帝塚山のご自宅の建築、何があったか私は知っているのですよ。それなのにそれが善で私が悪だと、会長はおっしゃるのですな」

半ば脅しに近い。まっとうな議論からはほど遠いだろう。知っているとは言ったが、まだ証拠は十分に揃っていない。だが今の海部にはこう言う以外に武器はない。

（それに）

と、海部は思うのだ。会社のためを思ってやってきたことを、ことさらマスコミや検察にリークし、自分は善人面をして保安官役を演じようとする。その魂胆が許せない。

「どうしても私に辞めろとおっしゃるのなら、いいでしょう。だけど、その前にすることがある。私も会長も社長も、会社の裏の出来事を洗いざらい表に出しましょう。それで世間に判断してもらうというのが、公平というものじゃないですか」

植田にもほぼ同様の台詞が浴びせられた。植田自身は個人的な不正の覚えはないが、もしこれらの裏の事実が明るみに出たら、会長も社長もいっぺんに吹っ飛んでしまうだろう。退職金はおろか、何もかもおしまいだ。二人は相談し合ったわけではないが、早くも海部の舌に押さえ込まれてしまったのだった。もちろん他の役員たちはこのやりとりを知らない。

そして問題の一月三十日がやってきた。報道陣は朝早くから大挙詰めかけ、大忙しである。出社する社員たちにマイクを突きつけたり、放送用カメラの前でしきりに何かしゃべっている。

日商岩井社内。午前十時十分、十七階大会議室の大きな楕円形テーブルに、役員たちが緊張した面持ちで着席した。

席順は決められている。テーブルの中央には辻会長がどっかりと座り、その左手には植田社長、西村副社長、そして辻の右手に田中副会長と筆頭副社長の海部の順で連なった。

やがて椅子のきしむ音がやみ、不意に静けさが訪れた。それを待っていたかのように専務取締役企画本部長の森下が顔を上げる。一同をゆっくりと見回したあと、事務局として開会の口火を切った。海部処分の幕開けだ。

(もうすぐ決まる)

その勝利のあとに来るであろう余りにも大きな果実を想像し、森下は足が震えた。だがその勝利と果実は古い友を裏切るという残酷さの代償なのだ。それと知りながら突き進む自分の隠れた非情さに、一瞬、ひやりとした感覚が胸を走った。しかしそんな戸惑いを置き去りにし、口はすでにしっかりとひらいていた。

「それではただ今より取締役会を開催いたします。取締役の出席者三十名、監査役三名で、本取締役会は成立しております。なお欠席者は六名であります。森駿郎専務と辻惣三郎常務は海外駐在中で、また島田三敬常務はその筋へ事情説明におもむいておりまして……」

会議が始まると、ほどなくして異変が起こった。誰の目にもそれは異変に映った。議長である植田がいつまでたっても海部の処分問題に触れようとしないのである。どうしてだろう。

周辺部分だけをのらりくらりと回っている。なぜ話さないのだ。それが会議のメインテーマで、かつ全権委任さえされているというのに、植田はまったく動かない。おかしなことだ。

ところが当の海部は意気軒昂。自説をとうとうと述べ、まるで彼の独壇場になっている。辻もいっさい口を挟まない。聞きっぱなしなのである。

「私はノット・ギルティー（無実）であります」

二十分もの長広舌《ちょうこうぜつ》のあいだ海部は何度もその言葉を繰り返した。迫力のある声だ。胸を張り、自信に満ちている。そしてさらに言葉は続く。

「密約がどうしたというのです。あったからといって、必ずしも実際に金が動いたということにはならないでしょう」

「グラマンの一件では、世上いわれるような不正は一片もないし、また一銭の金も動いていませんよ」

異様な雰囲気であった。議長、会長が処分について一言も触れることがない。きのうまでの威勢のよさはどこへ行ったのだ。まるで原告と被告が入れ替わったみたいな有様だ。海部の自信にあふれた赤い顔が、やけに大きく見える。そして、やがて波風なしに役員会は終わるのである。

森下は閉会を告げながら、内心、舌打ちをした。何があったのか、途中でおよその見当がついた。が、そのことを匂わしたり言及することはしなかった。咄嗟の用心深さが自制させた。結局、会議は海部の完勝で終わったのだった。

そのあと二時四十分から記者会見が行われた。植田、森下と共に海部が姿を現した。午前の疲れもみせず、海部は四十分間にわたり大きな声で手に持った原稿を読み上げた。

入院前の島田との話し合いのなかで、自分がサインしたことを思い出したと淡々と述べ、しかしその約束は五十一年後半に解除されたものと理解していると続け、初めて密約を認めたのだった。

「世間を騒がせましたことは誠に申し訳ありません。しかしながら、SEC報告にある政府高官への支払い問題はいっさいございません」

と、きっぱりと否定している。そして最後に、

「いずれにしましても、疑惑の解明には責任をもって当たる所存です。会社のため旧に倍し、働く覚悟でございます」

そう締めくくり、記者団からの質問を素早く切り上げて会見を終えたのだった。


それから一夜が明けた三十一日の朝のことだ。辻と植田が打開策を相談していたところへ秘書からあわてた声で電話があった。運よく島田が出社してきたという。辻と植田の目が妖しく光った。海部の不在を確認した上で、急いで会長室へ呼び入れた。呼び入れたというよりも、連れ込んだと思えるほどの強引さだった。そこで再び島田に辞任を迫っている。

「海部ではなく、先ず島田を辞めさせよう。それしかない。それが会社を救う道だ」

そう合意した矢先に島田が現れたのだった。二人は攻勢に出た。

「そろそろどうなの、島田君」

「…………」

「会社のイメージダウン、辞めて責任をとる以外にないでしょうが」

「…………」

「君はそれでも男かね」

執拗な勧告にもかかわらず、島田は首を縦に振らなかった。のらりくらりと生返事をする。時々、動揺に耐えるべく結んだ唇を小刻みに震わせるものの、かろうじて平静を保っている。埒があかない。そんな状況が一時間以上も続いた。辻らは苛立った。次の会議の時間が気にかかる。

だがそろそろ終わらねばと思いかけた頃、辻が吐いた最後の言葉が効いたのか、島田は苦悶と反発の色をみるみるその目にあふれさせた。

辻が追い討ちをかける。

「君は偽善者だな。会社のため会社のためと言いながら、結局は常務の椅子にしがみついていたいのだろう」

島田は黙って辻を睨んだ。白眼が光り、憤りとも悲しみともつかない薄い影が瞳を覆う。動悸で息が乱れ、かすかに肩が揺れていたが、やがて反論もせずに立ち上がった。無言のまま、小さく礼を残して去った。

部屋を出る島田の皺がついた灰色の背を見ながら、辻は軽蔑するようなせせら笑いを浴びせた。そしてドアが閉まるのを待って、植田に囁いている。

「もう一押しですな。もう一押しで、島田は辞めますな」

「まあ、そうしてもらうことが、会社のためですから……」

「おっしゃる通り。私どもにも辛いことだけど、立場上、説得せざるを得ませんからね」

「ほんまに会社を預かるというのもしんどいもんですな」

「まったく……。でも、会社のためです。ここが踏ん張りどころですわ」

何とも取って付けたような乾いた言葉だった。

ところがその翌朝のことだ。思いがけないことが起こった。島田が突然、自殺したのである。自ら命を絶った。

社内に激震が走った。事件の第一報が入ったのは午前九時過ぎだ。通信社のファックスが広報室に届いた。

「日商岩井島田常務飛び降り自殺」

の見出しで始まる短い一報だった。

このころ海部はどうしていたか。この日の朝もいつも通り七時過ぎには杉並区の自宅を出た。張り込んでいた新聞社の記者と会話を交わしている。

「相変わらず早い出社ですね」

「ハハハ。飯も食えんよ」

笑いながら、茶色のカバンを抱えて迎えの車に乗り込んだ。そして八時前に会社に着き、十七階の副社長室に入った。

九時過ぎ、海部の耳にもすぐに島田の死が知らされた。机の前の海部は一瞬、絶句し、次の瞬間、聞き間違ったのではないかという気の抜けた顔をした。だが再度死を告げられると、今度はくしゃくしゃの顔になり、目を潤ませ、何かを耐えるふうに歯を食いしばったという。

それから約一時間、身じろぎもしなかった。秘書が持ってきた喪章と黒のネクタイを締め、目をつむったままだ。まるで黒い影を思わせた。やがて思い出したように電話を取り上げた。相手は中学時代からの親友で医事評論家の大熊房太郎だった。

「島田さんがなあ……死んじゃったよ……こんなに頑張っていたのになあ……」

と一言一言、拾うように、沈痛極まりない声で語りかけた。そしてその後、部屋に閉じこもったまま、生気のない人形のように悄然と座っていた。その目は涙で曇っていたが、ぬぐおうともしない。

時々、出入りする秘書や部下たちは、そんな海部を見て、言葉が出なかった。まるで幽鬼のごとく見えたという。

記者たちは十六階の広報室前に陣取り、そこだけが異様に賑やかだ。繰り返し海部のコメントを求めたが、海部はとても応じる気にはなれない。

「今日は誰にも会いたくありません。心中をご察しいただきたい」

と広報室を通して答えるだけだった。しかし周囲の説得もあり、一時十五分になって、広報室前の黒板に短い談話のメモを張りつけた。

「誠に痛恨の極みに堪えない。この悲しみは言語に絶するものがある」
とだけ記した。それでも記者たちは短すぎるとして、海部にさらなるコメントをしつこく求めていた。

一方、この日、植田は大阪へ出張していたのだが、動転したのは海部と同じである。まさにあたふたという感じで、大急ぎで帰京した。辻はというと、都内の病院で健康診断を受けることになっていた。

植田も海部の隣に書面で談話を発表している。

「誠に悲しいことです。只ひたすら冥福をお祈り致します。極度の疲労が原因ではないかと推察しますが、会社にとってはきわめて重大な時にかかる事態に至ったことを非常に残念に思います」

文面からみて、社長談話は型通りのもので、恐らく秘書か誰か第三者が書いたと思われる。淡々としてどこか他人事という印象を与え、心がこもっているとは言いがたい。困ったことをしてくれたものだという、世間の顔色をうかがうようなニュアンスさえ含んでいる。

それに引き換え海部の文章は、自身の深い慟哭《どうこく》の中から搾り出された心の叫びを思わせた。自筆で書いたものに違いない。短いながらも、島田と海部とのあいだの深い心の交流が伝わってくる。

15　海部八郎失脚す

島田三敬の死後、海部の立場は日を追って悪くなった。社内での猛烈な海部攻撃は、今やとめられない勢いと化している。まるで冬山の雪崩を思わせる早さで伝播した。役員や上級幹部たちはほとんど反海部の色で染まった。ところが一般社員のあいだでは違った空気が存在していたのも事実だ。海部を支持し、親近感を抱く若手社員がまだ多くいたのだった。

それは扱っている商品の違いから生じていた。日商岩井には二つの商品群があった。一つは商社の古典的商品ともいえる、鉄鋼や繊維、木材、食品、化学品などだ。もう一つの群は、海部が自らの手で育ててきた、船舶、航空機、機械、プラント、建設、車両、エネルギーなどのいわゆる機械部門である。

辻・植田連合対海部の戦いは、この古典商品対機械部門の戦いでもあった。しかも後者は急速に伸びた新興成金的な生い立ちを帯び、古典組から見れば、嫉妬混じりの蔑《さげす》みの感情を禁じえない。とりわけ鉄の職場で育ってきた社員と機械部門との軋轢《あつれき》は、抜きがたいものがある。

機械部門の社員にしてみれば、エネルギッシュに活動する海部を畏敬の念で日々、見ていた。それも雲の上にそびえる副社長としてではなく、身近なボスに仕えるような親近感を抱きながらである。一介の平社員や課長代理に過ぎない自分のレポートに、直に目を通してくれ、コメントまでつけてくれるのだ。毎週のヤング・ミーティングでも、つたない意見にじっと耳を傾け、いいとなれば即座に採用してくれる。それだけではない。会社を目に見える数字でますます発展させているのである。

　海部にとっては彼らは心強い味方であり、逆に辻と植田にとっては厄介な存在だった。

（海部切りは難しい……）

　このところこれが辻と植田の頭痛の種になっていた。種というのは海部派の役員たちではなく、むしろ社員なのだ。役員は任期という餌をちらつかせば、すぐに節操を曲げてくれる。だが一般社員はそうはいかない。そこで二人はいっそう外部の力に頼ることになった。つまりマスコミ活用なのだ。辻は植田にアドバイスしている。

「ブラック・ジャーナリストは危険ですな。借りを作れば、いつか必ずそれで脅されますからね」

　大新聞や一流雑誌を狙えという暗示なのだ。外部から、マスコミが海部をたたけばたたくほど、それは社内世論にもなっていく。すべての記者と気脈が通じるわけではないが、黒を白と言えと迫っているのではなく、黒を真っ黒と強調するようにと、囃し立てるだけだからである。そう考えることで、二人は良心の呵責が軽減された。

「それに……」

　と、辻はつけ加えた。

「いい悪いは別として、同業他社もラッパを吹いてくれていますからね」

船舶、航空機、ＬＮＧと、他の商社幹部たちも海部の快進撃に不安を抱いている。今こそ海部潰しの好機到来とばかりに、彼らなりのルートを通じてマスコミを煽ってくれているのだ。

しかしマスコミ頼みだからといって、海部派社員を放置していたわけではない。その動向にはたえず注意を払っていたし、弾圧もしている。たとえば少し時は下るが、海部が四月二日に外為法違反の疑いで東京地検に逮捕され、五月十六日に保釈された時のことだ。

保釈後、彼を慕う若手社員たちがひそかに周りに集まって、六本木の料理店で海部のために一席設けている。そこで決まったことがある。海部を元気づけようと、静岡にある伊東カントリークラブでゴルフコンペをすることになった。

「じゃあ、僕が幹事を引き受けましょう」

機械部の若手社員が手をあげた。

用心を期し、情報は文書ではなく、口づてと電話で伝えられた。参加予定者は次々と増え、二百人にも及ぶ大コンペが企画された。皆が心から海部を慕い、海部に同情している。なかには北海道や九州からの参加者も見込まれた。

ところがここで思いがけない事態が起こる。どういうルートからか、参加者リストが植田の手元に渡ってしまったのだ。あとで分かったことだが、どうも植田が放ったスパイが密告したらしい。

植田側の弾圧は厳しかった。予定者たちは役員や上司にひそかに個別面談され、参加取り消しを強要された。一人、二人、三人と抜け、二百人が最後には七十人にまで減らされたのだった。

しかし、この七十人の男たちは圧力に屈することなく、堂々と信念を貫いてプレーしたのである。植田社長に知られているのを承知の上で伊東へ行ったのだった。サラリーマン人生を賭《と》してでも、と言っても過言ではなかろう。海部はプレー後、参加者の一人ひとりに、涙をこらえながら握手をしたという。この参加者のなかに、後に専務で社長候補となって敗れ去った友森宏や副社長となった平田達夫らが入っていた。

世論に敗れた海部だが、プレーを終えたあとで、彼らにしみじみ言っている。

「世論って、怖いねえ。どういうふうに形成されていくのか、今回、つくづく分かったよ」

この少し後、ちょっとした小競り合いが三菱商事の社長田部文一郎と海部とのあいだで起こっている。昔、海部がニューヨークに駐在していた頃、田部も駐在していて、二人は顔見知りで、いつも商売で張り合っていた。海部には何度も煮え湯を飲まされた。海部が逮捕されて小菅拘置所に入っているあいだに、雑誌「財界」に「札束攻勢の海部商法」と題して次のような意味の田部の談話が掲載された。田部の写真付きである。

「あれはね（海部八郎…筆者）。ニューヨークで輸出船の商売をやっていたんですよ。そのころにボクはすでに大変な風評を聞いていた。〝海部商法〟といってね。ちょっと他のものに真似できないことをやるんですよ。アメリカにいるときでも百ドル札を束ねていつでもポケットにもっていて、ギリシアの船主なんかと商談して、有利に話がまとまったりすると、大変なカネをね、相手のポケットにさっと入れてやるぐらいのことを平気でやるという噂でしたよ」(原文のまま)

出所後、これを知った海部は激怒した。まったく身に覚えのないことだ。広報部長を呼び、「とんでもないよ。事実じゃない。田部が言うのは怪しからん。取り消させよ」と、「財界」へ交渉に行けという。結局、取り消されないまま終わったのだが、後日談がある。まだ怒りの冷めやらないある日、偶然、スリーハンドレッドクラブのフェアーウェーで、二人が鉢合わせした。海部はいきなり田部の胸倉を掴み、「この嘘つき。謝らんか。俺はニューヨークで、金輪際、そんなことをした覚えはないぞ」と、血相を変えて今にも殴りかからんばかりに迫ったのだ。田部は突然の反撃に慌て、人前を気にして、言い訳もそこそこに蒼白でその場を離れたのだった。

三菱商事の社長ともあろう人物が、公式の言論の場で述べることだろうか。「……噂でしたよ」と、流言に過ぎないことを認めながら、とうとう述べている。時が時だけに、果たしてフェアーな行動なのかどうか。「海部商法は悪」という世論形成を意図していなかったと断言できるには、どこか判然としないものがある。

さてこの前後、検察は片っ端から日商岩井の社員を尋問していた。その数は一八〇名にものぼったという。とりわけ広報部長には地検から厳しいノルマが課せられた。彼の周りには絶えず五十人くらいの記者が張りつき、毎夕五時から定例記者会見を開いているのだが、翌日必ず地検へ出向いて、内容を報告しなければならない。記者からの質問内容を根掘り葉掘り聞かれ、そのたびに文句を言われる。会見の時間が長すぎるとか、質問内容が怪しからんとか、そんな記者はつまみ出せとか、言いたい放題だ。検察を怒らせないよう、広報部長の神経は休まる暇もない。

こんなこともあった。ブラジルに駐在しているラテンアメリカ代表の塩田淑人やパリ駐在の役員平田達夫を聴取するのに、

「塩田はブラジルか、遠いな。今日でなくてもいい、明日にはここへ来てくれ」

「パリは飛行便が多いらしいな。平田は直ぐに呼んでくれるか」

と、半ば命令に等しい要求をした。聴取を受けた社員のなかで、少しでも非協力な態度を示す者には、容赦をしない。或る役員のケースだ。

「ほう。何だったら、お前やお前の家族を洗ってやろうか」

この一言は効いた。とても海部に好意的な発言ができる雰囲気ではなかったという。

ここで海部が副社長を辞任する昭和五十四年（一九七九）三月二十七日前後までの動きをざっと見てみる。

二月十四日　国会の衆院予算委員会で海部が証人喚問される
二月十九日　参院で海部が証人喚問される
二月二十二日　山村前副社長と井上専務が裏金操作に関し参院で証人喚問される

三月十四日　海部の部下である東京航空機部長山岡昭一と同次長今村雄二郎が外為法違反と私文書偽造容疑で東京地検に逮捕される
三月十九日　衆院予算委員会で海部が証人喚問される
三月二十七日　日商岩井の緊急役員会で海部の副社長辞任と辻の会長退任を決定する
三月三十一日　参院予算委員会で海部と辻が証人喚問される
四月二日　海部が外為法違反と議員証言法違反で東京地検に逮捕される

国会喚問が始まるころ、この一連の動きを冷静に観察している人物がいた。それは社長の植田三男であった。冷静というより、冷徹とでもいった方が適切か。有頂天で喜んでいる辻良雄と違い、先の先を見た手を打とうとしていた。

（いよいよ天王山が来たな）

それは海部を殲滅《せんめつ》するだけではない。同時に抱き合わせで辻良雄を葬り去ることをも意味するのだ。目障りなこの二人を同時に始末する。この難題を解かねばならない。海部の目途は流れの延長線上でほぼ予想がつくとしても、辻の方はどう攻めればいいのか。これは難問である。実力会長として今後もこの会社に君臨する意図は見え見えだ。いつ何時、短期政権という印籠《いんろう》を持ち出してくるか分からない。

しかしこの怯えは皮肉にも小心の植田に途方もない大胆さを植えつけたのだった。

（よし、作戦は決まった）

海部と辻の二面作戦を始めるにあたり、植田は先ず海部の無力化に乗り出している。

マスコミ対策とは別に、人事面で手を打った。故島田常務が兼務していた機械第三本部長の後任を決める際、自分の息のかかった人間ではなく、こともあろうに海部派と見られていた取締役の長沢健夫に委嘱したのだ。その辞令交付に先立ち、植田は長沢を部屋へ呼んで釘をさしている。

「長沢君。君が長年、海部君に尽くしてきたことは私も分かっている。でも、彼の今後は君も十分、予想できるでしょう。そうなれば、君の立場はどうなるか。微妙ですな」

そう言って脅しをかけたあと、ニンジンをぶら下げた。

「航空機部は複雑です。やはり、やれる人材は君しかいません。ここは一つ、私に協力していただけませんか」

「…………」

長沢は無言だった。気持ちが錯綜した。海部のもとで共に苦労したニューヨーク時代のことが頭をよぎる。以来、船舶一筋で仕えてきた人生だが、その恩になった海部を裏切れというのか。

いや、そんなことはとても出来ない。たとえ言葉では裏切れても、心がついていけそうにない。潔く断るべきなのか。そう思うのも理由がある。植田の意図を事前に洩れ聞いているからだ。航空機部門の大幅縮小である。それは海部の栄光とこれまでの努力を真っ向から否定することを意味した。海部への裏切りだ。さらには商権の放棄でもあるのだ。その決断を今、迫られている。

海部の伴をして、世界中を駆け回り、新造船の契約に立ち会った数々の場面が思い出される。それらは懐かしい記念写真として幾冊ものアルバムにおさめられているのだが、今となってはその一つ一つが鮮明な像となって自分を責めてくる。長沢の心は揺れ動いた。

長い沈黙が過ぎた。植田は苛立たしそうに膝を揺すり、もう待てないというふうにたたみかけてきた。

「時間がないのですよ、長沢君。いいですか。選択肢は一つ。役員として今後も会社に貢献したいのか、それとも……」

勝負はこの一言でついた。最後はあっけなかった。結局、長沢は保身を選んだのだった。選ばざるを得なかった。家族の顔を思い浮かべながら、心のなかで海部に謝った。無念だが、完敗である。海部の牙城である航空機部の瓦解と、それを支えている海部シンパたちの懐柔を請け負わされた。

保身にはどうにか成功したものの、長沢の心は晴れなかった。決断をしたあとも、これでよかったのかどうか、迷いを残している。部屋から出る足取りは重かった。

ただ、あのアルバムの写真はそのままにしておこうと思っている。つらいことだが、せめて良心の痛みへの生き証人として墓場へ行くまで残しておこうと考えた。そんな思いにすがり、逃げることで、今の迷いに訣別したかった。

植田は高揚していた。

（海部の怒った顔が見えるようだな）

と、長沢が去ったあと、冷たくなったコーヒーの残りをしつこくすすりながら、しばし勝利の余韻に浸っていた。はじめて海部に真っ向から勝負したのだった。これまで裏で画策することはあっても、正面から逆らったことは一度もない。逆らえなかったのだ。社長でありながら何とも情けない話だが、それは上司の辻会長とても同様だ。だが今、ようやく敵対の意思を鮮明にした。そんな自分を褒めてやりたいような感傷を覚えても、仕方あるまい。それほど海部は手ごわい男なのだった。

（さてもう一人の人物をどうするか）

植田は思案した。辻である。この期に乗じ、海部と共に一気に引きずり降ろさねばならない。辻が会長になって二年弱、我慢に我慢を重ねてきたが、意外と早くチャンスは訪れた。生きるか死ぬかの天王山だが、辻には海部と違う点が二つあるのを知っている。一つはシンパ社員がいないこと。二つめは新日鉄の永野重雄や一勧の井上馨、村本周三らのような外部応援団がいないことである。この点はやりやすい。一対一の戦いでけりがつく。普段はおとなしい植田だが、辻との対決ということではすでに腹をくくっていた。

無性にのどが渇く。コーヒーを飲んだばかりなのに、また秘書に熱いお茶をいれてもらった。

（問題はどういう名目で辞めさせるかだな）

考えを巡らすうち、ふと先日の役員会で海部が放った言葉を思い出した。蒼白の顔に青筋を浮きたたせ、矢のような鋭い眼光で辻に噛みついていた。尋常とは思えない形相だった。

「島田さんは死ななくてもすんだんだよ。辞めろ辞めろと、あんたらが追い詰めたんだ。あんたらが殺したようなもんでしょうが……」

「とんでもない。それはいいがかりですよ。辞めろなんて、言った覚えはありませんよ」

辻も顔を真っ赤にして反論し、議長である自分があわてて双方をなだめたのだった。

島田を攻めたのは、いや、その言い方は正しくない。説得したのは確かに辻と自分の二人である。しかし主導したのは辻なのだ。二十五日の時もそうだが、三十一日も、それ以外の日も、いつも辻が追い詰めた。

しかしこれはとても武器としては使えない。辻に投げつけたとしても、せいぜい精神的なブロウを与えるくらいだろう。何か決定的な決め手はないものか。植田は思案を巡らせた。行きつ戻りつした。

小一時間は過ぎたろうか。次第に考えが一つにまとまってきた。

（はやりこれしかないか）

いや、むしろこれこそ正当な理由になるかもしれない。そんな気がした。正攻法である。辻に責任をとらせるのだ。海部不祥事の責任を一手に引き受けさせるのだ。

海部が不祥事に走った当時の社長が辻だった。社長としてまっとうな指導と監督をしていれば、起こっていなかった事件である。これだけ世間を騒がせた不祥事だ。海部のみならず、上司たる辻も合わせて責任を取るべきではないか。これが正論というものだろう。

ようやく明かりが見えてきた。これで方針は決まった。植田はさっそく腹心の部下の一人を呼んだ。

「ほかでもない。マスコミ対策だ。時間がない。すぐにコンタクトしてくれないか」

あちこちで辻の責任論を狼煙《のろし》のように上らせるのだ。それが広まったところで、いよいよ辻と対決し、一対一で決着をつける。植田はもう迷わなかった。

一方、辻の動静だが、この時点で植田のそんな動きを知るよしもない。むしろ海部との抱き合わせで社長の植田を辞めさせるくらいの呑気な気持ちで時を過ごしていた。

（何しろこちらには短期政権という印籠があるからな）

その印籠を後生大事に胸の奥にしまっている。生き残りの執念という面では、植田の方が一枚も二枚も上であった。

辻は単純というか、目前の敵である海部攻撃の方に精力の限りを注いでいた。自らが記者たちに語りかけ、世論作りに励んだ。

「海部君はきっと自分の責任の重さを感じているでしょう。そろそろ進退を決めると思いますよ」

とか、

「海部君には自主的に辞めてもらいたいと思っています」

など、海部の退路を断つ言葉を積極的に流し、既成事実化するのに躍起となった。

植田も同様の台詞をあちこちで触れ歩き、この点では辻と歩調を合わせている。海部への証人喚問や検察の発表回数が増えるにつれ、その頻度が増した。海部の旗色がどんどん悪くなるのは好都合なのである。世論は怖いほどの勢いで海部を攻めている。

森下も従来にも増して社内外で煽りに煽っていた。今ではそれがひょっとして自分の出世に直結するかもしれないと思い込み、自然と心がはずむのだ。口笛でも吹きかねない機嫌の良さだった。そんな森下に植田は憎しみを隠した薄ら笑いを浮かべていた。


海部の二回目の証人喚問が終わってからしばらく経った頃、植田はついに行動を開始した。辻と戦う前に先ず海部とのケリをつけておかねばならない。

(いよいよ時期が来たな)

そう決心し、新橋の小料理屋で海部と密談をもったのである。

烏森通り。そのガード下近くの奥まった道の端に、古びた小さなビルがある。その地下一階だ。格式はかなり低いが、襖を閉めれば個室である。ことの重要性を意識し、ここなら社員が来そうにないと、植田がわざわざ足を運んで慎重に選んでおいたのだった。

社内外で渦巻く「海部辞めろ」の合唱は、植田にとってこの上ない追い風だ。とうとう機は熟したと、今にも決闘に出向くような緊張で体を震わせながら、会社を出た。溜池の交差点の手前でタクシーを拾った。もちろん早めに店へ着いて、待つ形にしている。その間、まるで子供の学芸会の台詞練習のように、何度もキーワードを復唱した。

海部は定刻に現れた。緊張しているせいか、少し顔色が青い。植田は上座を執拗に勧めたが、海部もやんわりと断り、下座に座る。もう戦いは始まっているのだ。座布団に腰を下ろすと、海部はちょっと周りの壁紙の汚れを見やった。即座に会談の意味深さを察知したのか、黙って小さくうなずいた。

店長兼ウエイターらしい中年の小男は二人の顔を知らないようだ。愛想のない事務的な顔で料理を運び入れる。

軽い挨拶のあと、先ずビールで始まった。天気のことや海外支店のことなど、当たり障りのない話題を選び、心の準備をしている。それはお互い様である。

「さ、さ、どうぞ」

と植田は熱燗を注ぎ、海部も注ぎ返す。そんな白けた探りあいが小一時間も続いただろうか。頃合いをみて、植田は切り出した。かなり飲んでいるが、まったく酔いはない。

「まあ、言いにくいことですけど……」

と、ちょっと本題への移行を匂わせながら、低いくぐもった声で続けた。

「諸般の事情を考えますと、やはりここは海部君に辞めていただく以外にありません。どうかご英断をお願いします」

「何だ、そのことですか」

海部はすっとぼけたように素っ気なく応じ、

「もっと別の前向きのお話かと思っていましたよ」

とはぐらかした。

「もうこのままでは世間はおさまりません。当局も覚悟があるようですし、日商岩井のことを考え、何とかお願いします」

「当局、当局と言われますが、それは脅しですか。私は何も大きな罪を犯したわけじゃありません」

「でもこのままでは会社はもちませんわ。お先真っ暗です」

「もたないかどうかは社長のご判断でしょう。私は大丈夫だと信じています。例のイランの石油パイプラインのプロジェクトだって、もうすぐ内示書がもらえるんですよ」

「でも、ともかくお願いしますよ。会社のために……」

堂々巡りが続く。植田は忌々しかった。海部の強硬姿勢に終始、押され気味なのだ。心ならずも哀願口調になっている。何度同じ台詞を繰り返したことか。

しかしこの辺までは或る程度、予想できなかったわけではない。そう思うと、少し余裕が戻った。改めて同様のことを懇願しながら、そろそろ次の一手に移らねばと考えた。

「どうか海部君。私からのお願いです。もう辞めてもらえませんか。今のままでは世論を抑え切れません。日商岩井がもちません」

海部はなおも強硬だった。

「お言葉ですが、社長。なぜ私が辞めなきゃいけないのですか」

「密約にせよ、偽証にせよ、これだけ世間を騒がせたじゃないですか」

海部は取り合わないといわんばかりに首を大きく横に振り、口を尖らせた。握ったこぶしが震えている。今にもテーブルをたたき割りそうな勢いだ。

「たかが偽証罪と外為法違反でしょうが。なんで辞めなきゃならんのですか」

植田は内心、ニヤリとした。海部が釣竿のエサに引っかかってきた。

「でもね、海部君。検察がこのまま黙っていると思いますか。ことが起こってからでは遅いのですよ。ことが起こってからでは……」

「………」

海部は一瞬、黙った。不安そうな目でゆっくりと植田を見返した。思い当たるふしがあるのだろうか。海部の目がたじろいだ感じがする。

植田は今だと思った。先手をとるのだ。

「言いにくい言葉だけど、逮捕、ということもあり得るんじゃないのかな」

そう言って、海部に心持ち顔を近づけ、眼鏡の奥から表情を読みとろうとした。逮捕、という部分を意識的に強調し、なおも反応を見る。

「もしそうなったら、どうなるか……。あとは推して知るべしでしょう」

海部は沈黙したままである。口をひらかない。迷っているのだろうか。

植田も黙った。これほどの男のことだ。逮捕の予感がない、とは言えまい。そう思った。

そして時間だけが過ぎていく。

(先の読めない男だな)

植田は心のなかで眉をしかめた。海部の優柔不断を目の当たりにし、これがあの海部八郎かと、信じられない気持ちになった。このときはじめてともいえるくらい、優越感を覚えた。

逮捕は目に見えているではないか。そうなれば、海部の何もかもが洗いざらい暴かれる。贈収賄や業務上横領、背任など、破廉恥罪が次々と出てくるだろう。すでに週刊誌ネタになっているし、材料にはこと欠かない。

植田はすっかり余裕を取り戻した。取り戻したというより、海部の前で初めて上位者としての心の余裕を感じたのだった。改めて辞任を迫った。執拗に迫った。だが相変わらず色よい返事はない。

(何としぶといヤツなんだ。だが今にその鼻をへし折ってやる……)

そろそろ切り札の出番がきたと思った。取引と言い換えてもいいだろう。これで一気に勝負をつけねばならない。どうせ遅かれ早かれ破廉恥罪が暴露されるのだ。この手品が使えるかもしれない。いや、ぜひ使わねばならない。植田は最後のカードを切った。

「じゃあ、海部君。これはどうですか。取りあえずは副社長だけを退任していただき、取締役には残る……」

海部の目が光った。黙っているが、何かを計算しているようだ。植田は手ごたえを感じた。

相手の気が変わらないうちにと言葉を続けた。

「但し、ですね。あとで取り調べ中に、贈収賄や業務上横領、背任などの破廉恥罪が出てきたら、その時には取締役も辞めていただく、と……」

「ということは……そういう罪が出なければ、問題ないということですかな」

「もちろんそういうことです」

再び沈黙が流れる。海部はつっと目線を上げ、相手の目を見据えた。

「この話、辻会長もご承知なのですか」

「いえいえ。あなたと私の二人だけの約束です。代表取締役社長としての約束です」

植田はすかさず答え、反応を待つ。

（飛んで火にいる夏の虫とはこのことか）

スキャンダルのネタは山ほどある。時を移さず取締役辞任劇もやってくるだろう。海部の表情を観察しながら、植田は内心、ほくそ笑むのをこらえられない。

（この男は乗ってくる……）

そう思ったのも束の間、案の定、海部は手品に引っかかってきた。残した迷いを振り切るように、薄く唇をひらいた。

「分かりました。そうしましょう。そうするしかないでしょう」

不安なのか疲労なのか、或いは緊張なのか。青ざめた顔色がいっそう青く見えた。

「有難う。これで会社は救われる……」

すかさず植田は大げさに声を出し、ぽんぽんと手を打って店長を呼んだ。紙とペンと下敷きのようなものを持ってこさせ、印肉も用意させた。少し思案したあと、畳に置いた紙に何かを書きとめ、

「誓約書です」

と言って、海部に差し出した。

「申しましたように、もちろん二人だけの秘密文書です。拇印でいいですから、押していただけますか。明日にでもタイプして、印鑑を押しましょう」

海部は手にとってじっと見ていたが、やがて小さくうなずいた。植田が先に署名をして拇印を押した。海部もそれに続いた。

押された二つの拇印を見て、植田は心のなかで勝利の喝采を叫んでいた。

(さあ、次は辻の番だ)

心は早くも辻との対決に飛んでいる。もちろん勝算はある。

早速翌日の夕刻、植田は辻の部屋を訪れている。数冊の週刊誌を手に持ち、沈痛な面持ちでソファーに体を沈めた。意図通り、トップ責任論が記事にされていた。そして目前のガラステーブルの上に誌名が見えるように無造作に置いた。無言の圧迫だ。戦いはすでに始まっている。

辻もすでに読んでいたのだろう。ちらっとそれを見るなり、眉根を寄せ、嫌な顔をした。がすぐに消した。しかし何かを感じとったのに違いない。顔面は笑っているが、目が異様にこわばっている。いつもなら秘書に命じてコーヒーを運ばせるのに、黙っていた。

植田は適当な挨拶のあと、そ知らぬ顔で切り出した。

「海部君の方は、もう持ちそうにないですね」

「そうねえ。検察も頑張っているから。秒読みっていう感じがしますなあ」

「もはや海部君には辞めてもらう以外にないでしょう」

　昨夜の誓約書の話をするつもりはない。知らぬ存ぜぬである。そんな植田を前に、辻は舌打ちをして言った。

「でも、どうやって首に鈴をつけるか……」

「おっしゃる通りですな。逮捕されたあとで辞任されても、効果はありませんからねえ。頭の痛い問題です」

「かといって、自爆させるわけにはいかないしなあ。洗いざらいぶちまけられたら、会社がふっ飛んじゃうだろう」

　会社というよりも、あんたのことだろう。植田はそう言いたかったが、それは自分にもあてはまる。しかし自爆の恐れはなくなった。辻はまだそのことを知らない。

「実は一つ妙案があるのですが……」

　植田はそう言って、あとの言葉をとめた。さも興味を増幅させるかのように間を置いた。辻が心持ち身を乗り出すのが目に入る。

（いよいよ対決が始まるのだ……）

　植田は緊張した。が緊張の割りには、不思議と余裕と自信が心のなかに漂っている。

「海部君のことですけど、先ず副社長を退いてもらいます。そして……」

　と二段階での辞任案を説明した。ただ誓約書のことには触れていない。辻は素早く反応した。

「ふむ。面白そうですな。いずれ遅かれ早かれ横領も立件されるでしょうしね」

「そこなんですよ、会長。海部君も破廉恥罪のことは心配しているでしょうからね。そうやすやすと受け入れるかどうか……」

「しかしこれしか方法はないだろうなあ。ともかく副社長だけでも辞めてもらわなきゃあね。しかも早急にだ。取締役の方はあとでもいい」

植田はうなずき、大げさにため息をついた。そして深刻そうな表情をこしらえて言った。

この一撃で勝負が決まる。

「まあ、海部君のプライドもあるでしょう。それを考えると、辞めるからには、会長か私のどちらかが道連れでなきゃ、難しいかもしれませんな」

「はあ?」

辻は言葉にならない声を発し、聞き間違いではないかと、もう一度反芻するように目をしばたたかせた。植田はここぞとばかりに突っ込んだ。辻に先を越されてはならない。

「海部君のプライドをくすぐるのです。会長か社長のどちらかは別として、俺が引き摺り下ろしてやった、と豪語させる体裁をとれば、ひょっとして受けるかもしれません」

「ふうむ。それは……あるかもしれませんなあ」

辻は何か別のことを考えるふうに、気の抜けた言葉でつくろった。植田は間を置かなかった。

「会社を救うためです。今こそ決断すべきではないでしょうか。私たちはそのための会長であり、社長だと思うのです」

　そう言って、目の前の雑誌を手にとった。ぱらぱらとめくり、該当のページをこれ見よがしにあけた。

「たぶん会長もお読みになられたと思います。もはや会社トップの責任は逃れられません」

「でも、あれは海部君の独走だろう？」

「じゃあ、その独走を許したのは誰ですか。当時の社長が適切に監督指導をしていたら、こんなことは起こっていなかったのですよ」

　辻の瞬きがとまった。大きく目を見開き、植田を凝視した。虚を突かれた自失か、それとも裏切られた悔しさか。思いがけない言葉が耳に飛び込み、戸惑っている。植田は容赦をしなかった。

「マスコミの動きはもうとめられません。社内でもトップの責任論が浮上しています。後手になったら、痛手はもっと大きくなるでしょう」

「ふうむ、痛手ねえ。まあ、それはそうだが……」

　そう言ってしまった辻の唇の端が歪んでいる。間の抜けた自分の言葉に苛立っているふうだ。植田は攻め立てた。

「どうかお願いです。ご決断下さい。会長のご英断一つで、日商岩井が救われるのですよ」

「でもねえ。会長なのか社長なのか、よく考えないとねえ」

「おかしなことをおっしゃいますね。当時の監督責任者は誰なのか、明白だと思いますけど」

植田は改めて別の週刊誌のページをめくった。

「ところで会長。退職金のことを考えられたことはありますか」

「退職金？」

「ええ。今だったら、フルにお支払い出来ます。でも後手になったら、そうはいかないでしょう」

辻は考え込んだ。眉根を寄せ、険しい顔つきになった。悔しさが滲んでいる。

「実は内々ですが、今朝、三和銀行からも早急な退任を匂わせてきました」

「三和から？　私の退任をかね」

「はい。海部君との抱き合わせです」

三和は植田の咄嗟の思いつきである。だが辻の予想以上の狼狽を見て、この線で突き崩そうと思った。

「三和を敵に回せば、退職金どころの話ではなくなるでしょう。相談役のポストも認められないかもしれません」

「…………」

「しかし先手を打てば、海部君にしても三和にしても、何とか説得出来ると思います」

「三和はそうだろうけど、海部君の方はどうなのかなあ」

「もっていきかた次第でしょう。私に妙案があります。任せていただければ、先ほどの線でまとめてみます」

辻は無念そうな目で植田を見た。短期政権という約束も持ち出せず、挙句には辞任まで押しつけられた。踏んだり蹴ったりだ。そんな悔しさを抑えきれないのだろう。前にいる植田のことも忘れ、一度、二度と歯軋りをした。

（汚れた歯だな。それに口も臭い）

自分のことは棚に上げ、そんな場違いなことを思わせる余裕が植田にあった。

勝負はついた。植田は改めて辻の意向を確かめたあと、深くお辞儀をした。そして週刊誌を手に持つと、神妙な表情でソファーから立ち上がった。

社長室へ戻り、植田は完勝の喜びを一人で噛み締めていた。目の上のコブが二人、一挙に消えるのだ。これで天下がとれる。大日商岩井のナンバーワンとして君臨出来るのだ。まるで空高く飛翔していくような、爽快な気分ではないか。

このまま勝利感に浸っていたかった。しかし時間がない。植田はソファーから腰を浮かすと、電話で秘書を呼んだ。あいにく海部は外出中だという。帰社次第、すぐに社長室へ来るようにと伝言し、入れ替わりに企画担当を呼んだ。

「明朝の作業でいいから、至急、緊急役員会を招集してくれないか。日にちはこの二十七日がいいだろう」

そして三月二十七日がやってきた。

あっけなかった。すべては植田のシナリオ通りに終わった。辻はすんなりと相談役に退き、海部も取締役はそのままだが、副社長の職を辞任した。植田の一人勝ちであった。

ただ一つ植田の気に入らないことがあった。それは会議中の西村副社長と森下専務の発言だった。辻が取締役会長辞任の弁を述べたとき、こう発言している。

「辻会長にはせめて取締役にでも残っていただけませんか」

と西村が食い下がり、森下もそれに続いた。

「会長職は別として、ぜひとも取締役にとどまって下さい」

思わぬ横槍が入り、植田は面食らった。どうにか振り切り、その場はおさめたものの、この茶坊主的な慰留発言には恨みを抱いた。西村は年齢的にもそのうち消える立場にあるが、森下だけは許すまい、とひそかに心に誓ったのだった。

植田の動きは素早かった。役員会終了後に人事発表をしたのに加え、その夜、記者会見をもっている。

「今後、日商岩井は軍用機から撤退いたします」

と表明し、海部が築いてきた商権を完全放棄することを宣言した。そして返す刀で言い切った。

「航空機部が属する機械第三本部の機構と人事ですが、これも全面改革する所存でいます」

その自信たっぷりな表情は、公の場ではこれまで一度も見せたことがなかったものである。それだけに記者たちも一瞬、驚きを禁じ得なかった。

検察の捜査と日商岩井への家宅捜索が進むのに合わせ、植田はクリーンアップ作戦と称し、海部の影響力を残した部門の弱体化と、それと並んで海部シンパの駆逐にいっそう精を出した。今や植田のやり方に異を唱える役員は誰もいない。長沢健夫もその一人だ。海部を裏切った後ろめたさはまだ引きずったままでいるが、どうすることも出来ない。表向きは従順な家来になりきっていた。植田の天下がはじまったのだった。独裁のはじまりといってもいいだろう。前途は洋々に見えた。

ここで以後の海部八郎の顚末を記しておく。

四月二日に逮捕されたのだが、五月十六日に小菅拘置所から釈放されて以後、海部の社内における影響力は日を追うごとに弱まった。翌年六月の株主総会で取締役を退任し、翌七月には外為法違反と議員証言法違反とで懲役二年、執行猶予三年の有罪判決を受けている。しかし賄賂性の方は立件出来ず、植田が期待したことにはならなかった。

海部の名誉は薄皮一枚のところでかろうじて保たれた形だが、失ったものは大きすぎた。罪人には変わりはない。過ぎ去った時間は待ってはくれず、海部を置き去りにする。早い時点で社内での存在感を失っていた。たとえ外為法違反と議員証言法違反という罪名であっても、罪人という首かせはあまりにも重い仕打ちを海部にもたらした。

そして昭和五十五年三月（一九八〇）に退社して後は、日商岩井の子会社である国際汽船と、知人が経営するロイヤル建設という二つの中小企業の社長を務めた。しかし「なにくそ」という意気に燃える海部は黙っていない。あえて二年後にそこを辞め、商社の伊藤万（後のイトマン）のバックアップを得て、極東海運実業という船会社を設立する。

ところがその翌年、思いがけないことが家庭で起こった。妻の良子が脳腫瘍で倒れたのである。忙しいさなかほとんど毎日病院へ見舞いに通った甲斐もなく、二年足らず臥せったのちに、五十八歳で他界した。

早い死だった。心労が響いたのかもしれない。遺体を前に、グラマン事件のとき何一つ文句も言わずに黙々と家の周りを掃除していた良子を思い出し、海部は心のなかで泣いた。手のひらに残った良子の額の冷たさが、いっそう自分を責めた。謝っても謝りきれないと思った。

(良子、待っていてくれな)

心が揺れるままにじっと目をつぶっていた。贖罪《しょくざい》と感謝の念が交互に、しかし激しく押し寄せた。

初七日が過ぎ、四十九日も終わった。やがて仏前に座る海部のなかで変化が起こる。沈んだ気分が徐々に或る強い意思へと変わっていったのである。沈んだ心の重さはそのまま残っているが、意外なことに、それに対抗しようとする変化が確実に芽生えている。我ながら戸惑った。だがそれは前向きの戸惑いであり、或る意味、励ましの戸惑いであることに気づいた。

(頑張らなければ……)

挫けてなるものか。そんな気持ちが自分のなかで起こった。同時に次男と良子の声が合唱のように聞こえてきた。二人が声を合わせて応援してくれている。見守ってくれている。きっとそうに違いない。海部は場違いな心境の変化に身をまかせながら、負けてなるものか、と自分に誓ったのだった。立ち直ったとまではとても言えないが、それと並列して、前向きに生きようという意識だけは戻りつつある。

そして時が流れた。懸命に駆けた。長い苦労の末、ヒヨコだった極東海運実業も軌道に乗りはじめ、ようやく先に明かりが見え出した。

（もう少し、もう少しの辛抱だ）

海部は自分を励ました。次男と良子の声を背に受けながら、前へ前へと走った。

平成六年六月二十八日のことだった。運命が暗転した。突然、海部の上に不幸が訪れた。死だ。あれほど健康だった男が、あっという間に劇症性肝炎でこの世を去ったのである。原因は不明のままだが、たぶん宴会で食べた貝に当たったのではないかと推察された。

月曜日に急に熱が出て、会社を休んだ。医者から風邪と診断され、解熱剤を飲んだが一向に回復しない。それでも木曜日には銀行の人と食事を共にした。が二次会をせずに早々に帰宅している。そして日曜日に容態が悪化し、急遽、東京女子医大へ検査入院して、その翌日にはもう意識を失っていたのだった。

さぞかし不本意なことであったろう。「道半ば」というよりも、「さあこれから」という時だった。不名誉な世評を浴びせられたまま、次男と妻がいる世界へと旅立たざるを得なかったのである。手元にあった手帳には、スリーハンドレッドクラブでの翌週のゴルフ予定が万年筆で書き込まれていた。

七月一日の千日谷会堂で行われた葬儀は盛大だった。昔の取引先やライバル商社の人たち、日商を退職した元社員たちが大勢参列したという。だが日商岩井の現役役員で参列する者は誰一人いなかった。当日は日商岩井本社で役員会が開かれていた。役員の誰もが葬儀の予定を知っていたが、そのことを口にした者は誰もいない。それが人の世というものなのか。退職した役員の姿はちらほら見かけたけれど、見かけの盛大さとは裏腹に寂しい葬儀であった。

ただ現役社員は何名かいた。いや、かなりの人数だった。拘置所から出所した海部を励まそうと伊東でゴルフコンペが行われたのだが、その時に上司の制止を振り切って参加した若手社員たちだった。現役であるというリスクをも顧みず、自らの信念を貫いた一群の男たちがまだ多く残っていた。祭壇に立ち、焼香をするあいだ彼らは何を海部に語りかけていたのだろうか。

海部八郎は七十年の波乱の人生を全速力で駆け抜けた男だ。「追いつき追い越せ」の目標を背中に背負い、ひたすら会社の成長を願って働いた。尊敬する高畑誠一の叱咤激励を全身で受け止め、ただひた走った。人の百倍汗をかき千倍行動した。その結果が、愛する日商岩井から石で追われたのだった。造船、鉄鋼と、高度成長の助走を後押しした日本経済への貢献は、歴史のなかにうずもれたままで知る者はいない。

報われない人生ではなかったか。願わくば海部に社内派閥を形成し、守りの城を築く知恵があったとしたら、どうなっていただろう。その行為がいいかどうかは別として、以後の日商岩井の歴史は変わったに違いない。

いや、そうだろうか。報われない人生と言ったけれど、果たしてそう断定できるのか。むしろそれは後世の第三者による一方的な憶測に過ぎないのかもしれない。

あえてこう言いたい。海部八郎はきっと否定するだろうと。やるべき仕事の量と質には未だ届かなかったが、流した汗は十分だと、自分のなかでは納得しているのではないかと。

火の玉となって自らが顧客の懐深くに飛び込んで、直面する不可能を次々と可能にし、商《あき》人《んど》としてのロマンを燃やし続けた。常に前を向き、全力で進み、ひたすら頑張り続ける強靭な意志と根性の持ち主。日商岩井という舞台を選択し、商社マンという人生航路に迷いもなく身を置いた。そして持てる知恵と体力のあらん限りを燃焼させたのだった。

―我れ百倍働けど悔いなし。

熱血の男は今、そうつぶやいているだろう。丁度、マラソンを完走した直後に感じる、あの疲労を超越した限りない爽やかさを覚えながら……。

エピローグ

海部八郎が失脚したあとの日商岩井の顚末を語るのは、あまりにわびしく、悲しい。なぜならことごとく転落の軌跡を辿ったからである。

社長の植田三男は上司の辻良雄会長と海部八郎副社長の追い落としに成功すると、社内の人事権を一手に握り、新しい希望で胸をふくらませる。やる気満々である。しかしここで一つ、大きな勘違いをしていた。このやる気は本来、ビジネスの方へ向けられるべきなのに、そうではなかった。相変わらず内向きのことしか考えない。商いの「あ」の字も頭になかったのである。

グラマン事件で落とした日商岩井の信用を回復し、ダーティーイメージを払拭する。その狙いと努力は間違ってはいない。だが商社というのは無数の商いを積み上げた売上で支えられているものだ。売上と顧客の存在。そのことを忘れ、海部が営々と培ってきた機械商権を次々と弱体化し、ばらばらにし、挙句には撤退した。海部憎しの感情が強すぎ、海部の色がついた商権の拙速な解体に走ったのだった。海部が将来の事業のメイン柱として育てたLNG開発も頓挫する。私利にからんだ感情で舵を切る経営ほど危ないものはない。

そんな植田だが、あえて救いを見出すとすれば、それは自分が私利を追求しているという意識が希薄であったということだろう。一刻も早く海部の影響を駆逐し、世間の信用を取り戻す。そのことばかりが小さな頭のなかで空回りしていたのだった。その希薄さという点では辻も変わらなかった。ただ辻の場合、比較論だが、会社への情熱では植田よりも強かったといえよう。

そもそも社長の器でない者がフロックで社長になった。ところがこの植田という人物は人事遊びが異常に得意で、絶大な人事権者に成り上がっていく。一度手にした権力の味が忘れられず、いつまでもトップの座にしがみつこうと、ただそれだけが目的の経営姿勢を貫いたのだった。そしてその期間は、社長七年、会長三年と、計十年間にも及んだのである。

ところが次に就任した新社長速水優も問題だった。日銀理事から天下ってきた人物だが、会社を発展させるどころか、バブルの太鼓を叩きまくるのだ。権力と金力には興味はないが、金融のプロだという意識が強く、また異常に名誉欲に燃えている。エコノミストのプライドを掲げ、未曾有のバブル経営へと突っ走る。「カネに金を稼がせよ」と、借金の限りを尽くし、株や事業への投融資をふくらませる。日商岩井崩壊の地ならしをしてしまうのだ。ひとたび日本経済のバブルがはじけると、たちまち会社の業績は悪化した。

しかし速水は目端の利く男である。うまく責任を次の社長西尾哲にバトンタッチすると、自分はさっさと会長となって、経済同友会代表の椅子に納まる。そして西尾哲の失政と後に続く社長たちの信じがたい無策により、会社は崩壊に向かってまっしぐらに進むのだ。

そんなときでも速水優はうまく立ち回った。日商岩井の崩壊を目の当たりに見ながら、自分は天下の日銀総裁へと成り上がり、この世の栄華を極めるのである。そして五年間、七十八歳近くまで総裁として日本経済の舵取りをした。速水が成し遂げた実績といえば、就任時の株価一万六千六百七十九円を退任時には八千四十二円と、ほぼ半分に下落させたことぐらいだろう。「一将功成りて万骨枯る」という言葉を連想させる。

それほどまでの経営陣の不甲斐なさにもかかわらず、驚くべきことに日商岩井は海部なき以降、何十年ものあいだ一流会社であり続けた。それを可能にしたのは繰り返しになるが、海部八郎が築いた商権という巨大な遺産と、優秀な社員の存在という会社の底の厚さがあったのを忘れてはならない。とりわけ後者については、金子直吉、高畑誠一らから脈々と伝わる商いのＤＮＡが、知らず知らずのうちに社員のなかに植えつけられ、蓄積されていったのである。

さて西尾哲以後、三名の社長が交代するのだが、もはや日商岩井の崩壊はとめられない。やがて三和銀行と第一勧銀による銀行管理へと落ちていき、ついにニチメンとの統合へと進むに至る。一時、社員五千人を越えた日商岩井はここに崩壊し、平成十六年二月十日に新しい総合商社双日が生まれたのだった。

人間社会にとって権力闘争は避けることが出来ない。組織というものには常にそれはつきまとう。だがその闘争を通じて何かを学び、発展している会社も現にある。それにしても日商岩井は不幸な会社であった。どうしてこうも私利私欲に凝り固まった経営者たちが続いたのか。

新生双日はその後、遅々としてではあるが、堅実に発展を続けている。失墜した信用を取り戻すべく、旧日商岩井から移籍した社員たちは、歯を食いしばり、足を棒にして、死に物狂いで日々の商いに励んでいる。

歴史にイフはない。しかし、もし海部八郎が失脚させられず日商岩井に残っていたら、どうなっていただろうか。もし彼が今日の日本の経営者やビジネスマンたちの生き方と働き方を見たら、どう思うだろうか。昭和のビジネス界を駆け抜けた伝説の男は、今、改めて私たちに何かを問いかけている。

（完）

参考文献（順不同）

左記の文献を参考として使わせていただきました。有難うございました。

日本経済新聞、朝日新聞、読売新聞、毎日新聞、産経新聞、週刊読売、熊本日日新聞、週刊新潮、週刊実話、週刊文春、週刊宝石、週刊朝日、週刊サンケイ、週刊現代、週刊ポスト、サンデー毎日、週刊大衆、週刊ダイヤモンド、週刊エコノミスト、週刊東洋経済、東洋経済、週刊テーミス、週刊ディアス、アサヒ芸能、宝石、財界、WILL、経済界、政界ジャーナル、財界展望、文芸春秋、プレジデント、アサヒグラフ、創、DECIDE、現代、月刊時事、SAPIO、ゼンボウ、経済往来、人と日本、中央公論、実業界、月刊財界人、日経ビジネス、ビジネスインテリジェンス、フォーブス、プレジデント、AERA、フォーサイト、FOCUS、政界、月刊経営塾、選択、月刊テーミス、日本経済新聞「私の履歴書」、EVER　ONWARD、鼠（城山三郎著）、角栄失脚歪められた真実（徳本栄一郎著）、田中角栄の読み方（高野孟著）、戦後最大の宰相田中角栄（田原総一朗著）、ドキュメント日商岩井（角間隆著）、日本の商社日商岩井（毎日新聞）、我等が青春の記録（神戸大学）、総合商社の源流鈴木商店（桂芳男著）、商社崩壊（杉田望著）、日商四十年の歩み（日商株式会社）、海部八郎乱気流の復権（室伏哲郎著）、ウィキペディア。

またインタビューに応じて下さった多くの方々にこの場を借りて厚くお礼申し上げます。

著者略歴

1941年生まれ。大阪市立大学経済学部卒業後、川崎重工業に入社。営業のプロジェクトマネジャーとして長年プラント輸出に従事。20世紀最大のプロジェクトといわれるドーバー海峡の海底トンネル掘削機を受注し、成功させる。後年、米国系化学会社ハーキュリーズジャパンへ転職。ジャパン代表取締役となり、退社後、星光ＰＭＣ監査役を歴任。主な著書に『龍馬が惚れた男』『凜として』『この国は俺が守る』『大正製薬上原正吉とその妻小枝』『サムライ会計士』（以上、栄光出版社）、『ドーバー海峡の朝霧』（ビジネス社）、ビジネス書『総外資時代キャリアパスの作り方』（光文社）、『アメリカ経営56のパワーシステム』（かんき出版）などがある。

我れ百倍働けど悔いなし

平成二十三年三月十日　第一刷発行
平成三十年七月十日　第四刷発行

著者　仲《なか》俊《しゅん》二《じ》郎《ろう》
発行者　石澤三郎
発行所　株式会社　栄光出版社
〒140-0002　東京都品川区東品川1の37の5
電話　03(3471)1235
FAX　03(3471)1237

検印省略

印刷・製本　モリモト印刷㈱

ISBN 978-4-7541-0125-1